Matthias Wolfschmidt

unter Mitarbeit von Stefan Scheytt

Das Schweinesystem

Wie Tiere gequält,
Bauern in den Ruin getrieben und
Verbraucher getäuscht werden

S. FISCHER

Erschienen bei S. FISCHER

© 2016 S. Fischer Verlag GmbH,
Hedderichstr. 114, D-60596 Frankfurt am Main

Gesamtherstellung: CPI books GmbH, Leck
Printed in Germany
ISBN 978-3-10-002546-3

Inhalt

Vorwort 7

Einleitung Nutztierhaltung – ohne Zukunft? 13

Kapitel 1 Die schmerzfreie Zone –
Tiere in unserer Warenwelt 23

Kapitel 2 Der elende Alltag von Kuh, Schwein und Huhn 39
Die Marathon-Milchkuh 39
Das Schinken-Schnitzel-Schwein 52
Das 35-Tage-Masthuhn 72
*Hühner zwischen Legezwang und
Kükenschredder* 87

Kapitel 3 Tierwohl als Systemkosmetik oder:
Der Rohstoff Tier 105

Kapitel 4 Das System der Tierqual-Ökonomie 149

Kapitel 5 Fazit: Was sich ändern muss 187
Was Verbraucher tun können: Fragen Sie den Boss
Ihres Kaufmanns 203

Dank 209

Anmerkungen 211

Vorwort

Schon als Tiermedizinstudent vor 30 Jahren hörte ich mit großem Erstaunen die Berichte meiner Professoren über viel zu schnell gemästete Schweine, deren Herzleistung nicht mit der Geschwindigkeit ihres Körperwachstums Schritt halten kann. Ich lernte, dass Fütterungsfehler eine der Hauptursachen für schwere Erkrankungen bei Milchkühen sind und dass Euterentzündungen und Unfruchtbarkeit zum Alltag in Milchviehbetrieben gehören. Später, als Praktikant im Stall, erlebte ich verzweifelte Geburtshilfe-Lehrer, die versuchten, die immer größer werdenden Kälber mit Stricken aus dem Mutterleib zu ziehen. Und die Studierenden wurden angeleitet, männlichen Legehennen-Küken, die schon damals »überflüssig« waren, mit einem Daumengriff das Genick zu brechen.

Jahre zuvor, Anfang der 1970er Jahre, hatte ich als Kind die Fernsehdokumentationen des Journalisten Horst Stern gesehen. Seine Berichte über die Zustände in riesigen Hühner-Legebatterien und Schweinemastställen erschütterten die TV-Zuschauer: Sie zeigten erstmals, wie immer höhere Leistungen der Tiere bei immer niedrigeren Kosten das europäische Nachkriegswunder des »Genug zu essen für alle« möglich machten. Das geschundene, leidende, gequälte Nutztier

Vorwort

als Wohlstandsmaschine – hier wurde es zum ersten Mal für alle sichtbar und sollte nur ein paar Jahre später in meinem Veterinärstudium wieder auftauchen.

Und dann war da dieser Moment im Schlachthof, wo wir Studierenden ein mehrwöchiges Praktikum absolvieren mussten. Ich stand an jener Stelle, an der die Schweine mit einer elektrischen Zange betäubt und an den Hinterbeinen hochgezogen wurden. Dort erfolgte der Stich des sogenannten Kopfschlächters. Der freundliche Mann, der diese Arbeit verrichtete, war vorher Konditor gewesen und hatte den Beruf gewechselt, um mehr Geld zu verdienen. Mit seinem Messer, das er zigmal am Tag nachschärfte, stieß er einem Schwein nach dem anderen in die Schlagader am Hals. Es war Arbeit im Akkord, viele Stunden am Tag, das Blut floss in Strömen. In meinem Studium hatte ich schon manche extreme Situation erlebt, aber hier durchfuhr es mich mit voller Wucht – das Schaudern über unseren mechanischen Umgang mit der Kreatur.

Ich bin deshalb nicht zum Veganer geworden – eine Haltung, der ich übrigens großen Respekt entgegenbringe –, aber meine Überzeugung festigte sich, dass wir Tieren, wenn wir sie schon für unsere Zwecke nutzen, ein gutes Leben schulden. Dass wir diese Verpflichtung nicht einlösen, ist mir seit meinen Studientagen immer bewusster geworden. Und nicht zuletzt meine Auseinandersetzung mit (tierischen) Lebensmitteln bei foodwatch führt mir seit Jahren immer deutlicher vor Augen, dass hinter der nicht eingelösten Verpflichtung den Tieren gegenüber System steckt.

Schon Ende der 1980er Jahre waren die Staaten Europas

damit beschäftigt, die Schattenseiten ihrer entfesselten Agrarpolitik zu bemänteln: Die Mengen produzierter tierischer Lebensmittel waren explodiert, es gab »Milchseen«, »Butter-« und »Fleischberge«, der Markt war buchstäblich »gesättigt«. Durch steuerfinanzierte »Interventionskäufe«, wie das damals hieß, wurde die Überproduktion an Fleisch und Milch aus dem Markt genommen. Mit Marktwirtschaft hatte das wenig zu tun, mit agrarökonomischer Unvernunft dafür umso mehr. Der Wahnsinn des Systems lag offen zutage und wurde durch den europäischen Rinderwahnsinn noch dramatischer sichtbar.

Dieser Wahnsinn zeigt sich bis heute in den Lebensbedingungen der Nutztiere. Das System verurteilt sie zu einem Leben, in dem Leiden und Krankheiten alltäglich sind und Rücksicht auf ihre arteigenen Bedürfnisse kaum erwartet werden kann. Schon im Studium lernte ich den Begriff der *Produktionskrankheiten* kennen, der nichts anderes bezeichnet als ein systembedingtes, also *vermeidbares* Ausmaß an Leiden und Schmerzen in den Ställen. Dass Hühner in überschaubaren Gruppen zusammenleben, gerne im Sand baden, ihre Nahrung durch stetiges Picken suchen und bevorzugt auf Bäumen schlafen, war durchaus bekannt. Dennoch pferchte man Legehennen in winzige Käfige und Masthühner zu Abertausenden in abgedunkelte Hallen. Dass Schweine drei Viertel ihrer Wachzeit mit der Nahrungssuche verbringen, sich zum Schutz vor beißenden Insekten und Sonnenstrahlen im Schlamm suhlen und ihre weitläufigen Reviere mit Duftproben ihrer Exkremente abstecken, hat niemanden davon abgehalten, sie tagein, tagaus mit Nahrungsbrei zu versorgen und in enge Stallabteile mit betonierten Böden zu stecken, aus deren Schlitzen permanent der Geruch ihrer Ausscheidungen steigt. Dass Rinder Weidetiere sind, die sich von Gräsern und Kräutern ernähren, hat sie nicht davor bewahrt, dauerhaft angebunden und sogar mit tierischen Abfällen gefüttert zu werden.

Manches hat sich zugunsten der Tiere verändert: Viele Landwirte sind besser ausgebildet, viele moderne Stallbauten sind tiergerechter und die neuen Betäubungsverfahren in den Schlachthöfen tierschonender als früher. Und dennoch – und das kann man gar nicht deutlich genug zum Ausdruck bringen – sind die Lebensbedingungen von Abermillionen Nutztieren in Europa eine Schande.

Die ihnen abverlangten Leistungen sind enorm gestiegen. Das Ausmaß, in dem sie dabei systematisch krank gemacht werden, ist der breiten Öffentlichkeit bis heute nicht bekannt. Es gibt zwar wissenschaftliche Studien mit absurd hohen Krankheitsbefunden in den Betrieben und in den Schlachthöfen. Dennoch findet bis heute weder in Deutschland noch in der Europäischen Union eine systematische Erfassung, geschweige denn Berichterstattung darüber statt. Und das, obwohl die EU allein im neuen Jahrtausend etwa 750 Milliarden Euro an Agrarsubventionen an ihre Mitgliedstaaten ausgeschüttet hat.

In Fachkreisen sind Tierkrankheiten ein Thema, doch geht es dabei vorrangig um den Schutz der Verbraucher vor Krankheitserregern oder um die wirtschaftlich motivierte Sorge, dass Krankheiten die Leistungsfähigkeit der Tiere beeinträchtigen oder Tierseuchen ausbrechen könnten. Der Gesundheitsschutz der Tiere um ihrer selbst willen steht an letzter Stelle.

Das System bürdet aber nicht nur den Tieren millionenfach *vermeidbare* Krankheiten und Verhaltensstörungen auf, es treibt zugleich immer mehr Landwirte in den Ruin. Auch sie sind Opfer einer ökonomischen Logik, die durch die Gewinnerwartungen immer größer werdender Akteure im Einzelhandel und bei den Verarbeitern der tierischen Produkte bestimmt wird. Die Verbraucher schließlich profitieren in diesem System zwar vordergründig von niedrigeren Lebensmittelpreisen. Doch werden sie darüber getäuscht, dass ihnen regelmäßig Lebensmittel untergejubelt werden, die von kranken Tieren stammen. Sie *können* nicht wissen, in welch fundamentalem Ausmaß die Tiere den niedrigen Preis mit Schmerzen und Leiden bezahlen.

Wie dieses System der *Tierqual-Ökonomie* funktioniert, will dieses Buch zeigen. Es konzentriert sich dabei auf die drei wichtigsten Tierarten im Lebensmittelbereich: Kühe, die sowohl Milch liefern als auch Rindfleisch, Schweine als die wichtigsten Fleischlieferanten, Lege- und Masthühner als Lieferanten von Eiern und Geflügelfleisch. Über Puten, Enten, Gänse, Kaninchen, aber auch über Mastrinder und Kälber, Schafe und Ziegen ließen sich gewiss ähnlich ernüchternde Befunde zusammentragen.

Dieses Buch stellt die Forderung auf, landwirtschaftliche Nutztiere so zu halten – und die Kosten dafür zu tragen –, dass sie möglichst gesund leben und ohne Verhaltensstörungen durch ihr ohnehin kurzes Nutztierleben kommen. Ein System, das massenhafte Krankheit, Schmerzen und Leiden von Nutz-

Vorwort

tieren buchstäblich einkalkuliert, ist durch nichts zu rechtfertigen. Es ist das Anliegen dieses Buchs, diesen Skandal der *Tierqual-Ökonomie* schnellstmöglich zu beenden.

Einleitung

Nutztierhaltung – ohne Zukunft?

München Anfang 2016: Im Internationalen Congress Center hat die einflussreiche Deutsche Landwirtschafts-Gesellschaft (DLG) zu ihrer Wintertagung geladen. In Saal 5 steht Matthias Gauly am Rednerpult, in den Stuhlreihen vor ihm warten etwa hundert Landwirte und Vertreter der Agrar- und Ernährungswirtschaft gespannt auf seinen Vortrag. Matthias Gauly ist bekannt in der Szene, er ist Agrarwissenschaftler und Veterinärmediziner, er lehrte an der Universität in Göttingen und jetzt in Bozen, außerdem ist er seit vielen Jahren Mitglied im *Wissenschaftlichen Beirat für Agrarpolitik* beim Bundesministerium für Ernährung und Landwirtschaft. An diesem Tag in München sind die Zuhörer besonders gespannt auf das, was Gauly sagen wird, denn es ist erst wenige Monate her, dass eben dieser Beirat, dem Gauly angehört, für einen Paukenschlag sorgte, als er im Frühjahr 2015 ein Gutachten über die Nutztierhaltung in Deutschland vorlegte. Noch bevor der Redner in München überhaupt den Mund aufmacht, steht ein Satz aus diesem Gutachten im Raum, der die Branche erschütterte. Niemand spricht diesen Satz aus, und doch ist er so präsent, als stünde er für alle sichtbar auf einem riesigen Transparent über der Bühne. Und jeder hier in Saal 5 weiß, dass der Mann

Einleitung

dort vorne am Pult für diesen Satz steht: »Die derzeitigen Haltungsbedingungen eines Großteils der Nutztiere sind nicht zukunftsfähig.«[1]

Für die Landwirte, ihre Funktionäre und die ganze Branche war und ist dieser Satz bis heute eine Kampfansage, ein unerhörter, ein unerträglicher Vorwurf, ein Angriff auf eine Berufsgruppe, die ohnehin schon um Akzeptanz kämpft. Denn der Satz bringt zum Ausdruck, dass die Tierqual in den Ställen nicht die Ausnahme ist, sondern die Regel, er bringt zum Ausdruck, dass es in den Ställen so nicht weitergehen kann. Der Satz stellt die Systemfrage.

In dem Gutachten des *Wissenschaftlichen Beirats* mit dem Titel »Wege zu einer gesellschaftlich akzeptierten Nutztierhaltung« stehen noch mehr unerhörte Sätze wie jener von den »nicht zukunftsfähigen Haltungsbedingungen«. Sätze, vor denen sich Bundeslandwirtschaftsminister Christian Schmidt (CSU) lieber wegduckte, indem er die öffentliche Entgegennahme des Gutachtens an seinen Staatssekretär delegierte.[2] Auf den 400 Seiten fordern Gauly und seine 14 Wissenschaftlerkollegen nicht weniger als eine radikale Neuausrichtung der Nutztierhaltung. Die Gutachter konstatieren »erhebliche Defizite vor allem im Bereich Tierschutz, aber auch im Umweltschutz«, sie klagen eine »neue Kultur der Erzeugung und des Konsums tierischer Produkte« ein; es seien »tiefgreifende Änderungen« nötig, die Tiere bräuchten mehr Platz, öfter Auslauf ins Freie, mehr artgerechtes Beschäftigungsmaterial in den Ställen. Dass Hühnern die Schnäbel gestutzt und Schweinen die Ringelschwänze abgeschnitten werden, »um sie an die Haltungssysteme anzupassen«, sei »nicht vertretbar und gesellschaftlich nicht mehr akzeptabel«, dennoch würde das Verbot der Ringelschwanz-Amputationen durch breite Ausnahmeregelungen unterlaufen;[3] auch der Einsatz von Arzneimitteln müsse deutlich reduziert werden. Das Ausmaß der Tierschutzprobleme sei »aus fachlicher Sicht nicht akzeptabel«,[4] sagen die Wissenschaftler apodiktisch und fordern Sofortmaßnahmen, darunter den Aufbau eines nationalen »Tierwohl«-Monitorings, Qualifikationsnachweise und Fortbildungsverpflichtungen für Landwirte, außerdem mehr Kontrollen und härtere Sanktionen.

Schärfer kann ein *Wissenschaftlicher Beirat* das ihn beauftragende Ministerium und die dahinterstehenden Branchen kaum kritisieren. Und so reagierten die Angegriffenen wie erwartet: Der Deutsche Bauernverband (DBV) etwa tat die Wissenschaftler als »weltfern« und »romantisch-naiv« ab, ihr »fragwürdiges« Gutachten basiere teilweise auf »subjektiven Emotionen und Empfindungen«; ihre Feststellung, die Tierhaltung sei nicht zukunftsfähig, sei nur ein Postulat, keine wissenschaftliche Aussage.[5] DBV-Generalsekretär Bernhard Krüsken blockte das Gutachten verbal ab, als redeten die Wissenschaftler einfach nur Unsinn: »Ein radikaler Umbau mit der Brechstange führt die Landwirtschaft ins Abseits und bringt den Tierschutz nicht weiter.«[6]

Dabei war der Befund des *Beirats* nicht einmal überraschend. Seit Jahrzehnten sprechen Wissenschaftler von sogenannten *Produktionskrankheiten* bei den Nutztieren, von Krankheiten also, die maßgeblich durch die Art und Weise entstehen, wie die Tiere gehalten, gefüttert und betreut werden, wie viel sie leisten und wie sie gezüchtet wurden. Krankheiten also, die mit biologischen, technologischen und ökonomischen Aspekten des Produktionsverfahrens zusammenhängen. Typisch sind Entzündungsprozesse, die sich bei Rind, Schwein und Geflügel in Lunge, Leber, Darm, Gliedmaßen oder im Euter der Milchkuh abspielen.

Und seit Jahrzehnten belegen Recherchen von Tierrechtsorganisationen und Journalisten, dass in den Ställen massenhaft gegen das Tierschutzgesetz verstoßen wird. Landwirte und Ernährungswirtschaft nahmen derlei Vorwürfe meist routiniert zur Kenntnis, verwiesen auf »schwarze Schafe«, die es nun mal in allen Branchen gebe. Doch diesmal ist es anders: Mit dem Gutachten des *Wissenschaftlichen Beirats* kommt die vernichtende Kritik von einem der höchsten Fachgremien. Die Kritik hat sozusagen regierungsamtliches Gewicht.

90 Prozent kranke Milchkühe und Schweine

In Saal 5 im Münchener Kongresszentrum ist die Spannung deshalb mit Händen zu greifen, als Matthias Gauly, jener Vertreter der angeblich »weltfernen« und »romantisch-naiven« Wissenschaftler, ans Rednerpult tritt. Gauly nimmt die Spannung lächelnd auf, er sagt: »Unser Gutachten hat schon fast alle Reaktionen hervorgerufen – nur körperliche Attacken sind bis heute ausgeblieben.«

Dann wirft der Tierarzt seine Folien an die Leinwand. Eine zeigt die Ergebnisse einer Studie über Milchkühe in Brandenburg, bei der gezählt wurde, wie viele Tiere innerhalb eines Jahres unter anderem an ihren Eutern, Beinen und Klauen erkrankt waren. Gaulys roter Laserpunkt wandert zur rechten

Spalte der Statistik, sie führt den Anteil gesunder Tiere auf: Je nach ihrer Milchleistung liegen die Werte zwischen 8,6 und 13 Prozent.[7] »Wenn das die Zahlen für die kranken Kühe wären, könnte man ja zufrieden sein«, sagt Gauly, »aber es sind die Zahlen der gesunden Tiere.« Nur 8,6 bis 13 Prozent der begutachteten Kühe waren für die Dauer eines Jahres gesund. Gauly fährt fort: »Es gibt noch eine härtere Zahl«, sagt er und öffnet die nächste Folie zu einer Studie in mehreren Bundesländern; sie zeigt, wie lange Kühe zur Milchproduktion genutzt werden, bevor sie in den Schlachthof gebracht werden, die Werte liegen zwischen 32 und 38 Monaten. Kühe haben eine natürliche Lebenserwartung von etwa 15 bis 20 Jahren, im Milchkuhstall leben sie nach dieser Studie aber kaum länger als drei Jahre. »Nüchtern betrachtet, muss man sagen: Das ist weder aus Tierwohlsicht befriedigend noch ökonomisch sinnvoll«, erläutert Gauly.

Sein Laserpointer flackert über eine weitere Folie, die Bilder zeigen gerötete, unförmig angeschwollene Gelenke an den Hinterläufen von Mastschweinen in vier verschiedenen Schweregraden; es handelt sich um Schleimbeutelentzündungen, die sehr schmerzhaft sein können und unter anderem durch die Dauerreizung auf den harten Betonböden in den Ställen entstehen.[8] In der Studie, bei der knapp 1000 Schweine am Ende ihrer Mast untersucht wurden, hatten mehr als 90 Prozent der Tiere solche Schleimbeutel entwickelt. »Eine so hohe Zahl sollten wir nicht hinnehmen«, kommentiert Gauly, »das zeigt ganz klar, dass dringender Handlungsbedarf besteht. Nicht weil es andere wollen, sondern weil es aus Sicht des Tieres und aus ökonomischen Gründen notwendig ist.«

Einleitung

Die Zahlen über kranke Tiere, die der Veterinär den Landwirten an diesem Nachmittag präsentiert, sind nicht in ausgesuchten Problemställen erhoben worden, aus denen heimlich filmende Tierschützer mit Skandalbildern zurückgekehrt wären. Die Zahlen, die Gauly präsentiert, spiegeln den Alltag in deutschen Ställen wider, in denen gut 27 Millionen Schweine[9] leben, knapp 13 Millionen Milchkühe und Rinder[10] und etwa 175 Millionen Puten, Jung-, Lege- und Masthühner.[11] Und viele Millionen von ihnen sind krank.

Sie sind nicht in dem Sinne krank, wie es auch »im Humanbereich immer kranke Individuen geben wird«, wie die Deutsche Gesellschaft für Züchtungskunde das Problem einmal kleinzureden versuchte.[12] Die Nutztiere in Deutschlands Ställen entwickeln massenhaft Krankheiten und leiden, weil sie in ein System gezwungen werden, das ihre körperliche Anpassungsfähigkeit offenkundig überfordert. Deshalb bekommen viele Tiere vorbeugend Medikamente verabreicht, damit sie auch in großen Gruppen auf engstem Raum gesund überleben können. Den meisten Hühnern werden sogar vorbeugend die Schnäbel und den meisten Schweinen die Ringelschwänze gekürzt, um die Folgen massenhaft entstehender Verhaltensstörungen zu beherrschen. Und trotzdem picken und beißen sie sich gegenseitig krank und tot.

Produktionskrankheiten *gehören zum System*

Seit fünf Jahrzehnten berichten Wissenschaftler über die verschiedensten *Produktionskrankheiten*, die dennoch keiner staatlichen Erfassung, geschweige denn Kontrolle oder Regulierung unterliegen. Allein die Existenz des Begriffs *Produktionskrankheiten* belegt, dass es sich um ein Problem des gesamten Systems handelt und nicht um die Unfähigkeit einiger weniger Landwirte: Die Bedingungen, unter denen heute Fleisch, Milch und Eier produziert werden, machen Millionen Nutztiere systematisch krank.

Produktionskrankheiten entwickeln sich aufgrund vielfältiger Interaktionen der Tiere vor allem mit dem Nährstoffangebot, krank machenden Keimen und verschiedenen Einflüssen der Haltungsbedingungen. All diese Faktoren wirken auf das Tier ein, weshalb Erkrankungen von Nutztieren nicht ohne die Einbeziehung ihres gesamten Lebensumfelds verstanden, verhindert oder geheilt werden können. *Produktionskrankheiten* sind daher buchstäblich *systemimmanent*. Tiere mit entsprechenden Symptomen signalisieren, dass sie damit überfordert sind, sich den jeweiligen Lebensbedingungen anzupassen.

Deshalb ist der Landwirt gefragt, den Tieren Bedingungen zu bieten, die sie eben nicht überfordern und erkranken lassen. Gleichwohl wird es immer Tiere geben, denen diese Anpassung nicht gelingt, die erkranken oder sterben – und zwar in der »Massentierhaltung« genauso wie bei Kleinbauern, in Bio-Betrieben ebenso wie in konventionell arbeitenden Landwirtschaften. Ein neuer Erreger, eine veränderte Futtermischung, ein abrupter Klimawechsel, eine schlecht laufende Lüftungsanlage, ein ungewöhnlich aggressives Tier in der Gruppe, ein vom Landwirt übersehenes erstes Anzeichen für eine Erkrankung, Taubenkot im Futter – und schon werden aus gesunden, aber labilen Tieren kranke Tiere. Für sie bedeuten *Produktionskrankheiten* erhebliche Leiden und Schmerzen,

Einleitung

für die Landwirte bedeuten sie wirtschaftliche Einbußen. Denn entweder haben die Bauern höhere Tierarztkosten und zeitlichen Aufwand, oder sie müssen die Tiere frühzeitig zum Schlachter geben, weil sich der therapeutische Aufwand nicht mehr lohnt. Die meisten *Produktionskrankheiten* können nur durch eine kosten- und arbeitsaufwendige Änderung der Lebensbedingungen der Nutztiere beseitigt werden. Diese Ursachenbekämpfung ist für den Landwirt ungleich teurer als die Leistungsverluste kranker Tiere und die Symptombekämpfung durch Antibiotika. Dementsprechend sind *Produktionskrankheiten* auch bei weitem der häufigste Grund dafür, dass Milchkühe, Muttersauen, brütende Hennen oder Jungtiere in ihren ersten Lebenswochen vorzeitig zum Schlachthof gebracht werden.

Die Tiere würden nicht automatisch gesund, wenn sie plötzlich auf die Weide dürften, wenn sie anderes Futter, einen anderen Stallboden oder mehr Beschäftigungsmaterial bekämen, wenn sie in geringerer Zahl oder in einem Bio-Betrieb gehalten würden. Die Wissenschaft weiß heute, dass die Antwort auf die Frage nach Gesundheit und Krankheit ein diffizil aufzudröselndes Bündel ist, in dem Züchtung, Fütterung, Haltung, Leistung, Transport und – oft unterschätzt – Stallmanagement ineinandergreifen. Stallmanagement bedeutet: Der Landwirt muss genügend Zeit und exzellentes Know-how haben, um es gut machen zu können. Vieles spricht dafür, dass die Höchstleistung, zu der die Tiere in den Ställen geradezu verdammt sind, eine zentrale Rolle spielt. Unter dem gleichzeitigen Diktat der Kostenminimierung verkommen die Tiere zu Produktionsfaktoren, die es zu optimieren gilt. Dass sie fühlende und leidensfähige Wesen sind, wird nebensächlich. Was zählt, sind die schiere Produktionsmenge und deren Erzeugungskosten.

Als sich Matthias Gauly am Ende seines Referats im Münchener Kongresszentrum den Fragen seiner Zuhörer stellt, geizt er nicht mit Lob. Nach dem Krieg sei es der Landwirtschaft gelungen, kostengünstige und sichere Lebensmittel zu erzeugen. »Aber jetzt kommen neue Ziele hinzu, vor allem das Tierwohl, und da hinken wir hinterher.« Es gebe tolle Ställe, meint Gauly, aber im Durchschnittsstall und noch mehr in den unterdurchschnittlich geführten Ställen gebe es beträchtlich Raum für Verbesserungen. »Viele Landwirte können aufgrund der Belastung nicht mehr ausreichend Zeit für das einzelne Tier aufbringen, sie können das Wachstum nicht mehr bewältigen.«

Die Zuhörer wirken verärgert, erregt. »Sie laufen dem Mainstream hinterher, Sie lassen uns im Regen stehen«, schimpft eine Viehhalterin aus Hessen unter dem Beifall des Publikums auf Gauly, »wir Landwirte tun alles, damit es unseren Tieren gutgeht.« Ein anderer ruft erbost in den Raum: »Wann ist es denn endlich gut? Wann könnten wir je das schaffen, was Tierschützer und NGOs von uns verlangen?« Und jetzt auch noch die vom Ministerium beauftragten Wissenschaftler. »Nie schaffen wir das!«, rufen viele im Saal, und ein Landwirt ruft zurück: »Genau! Der Tag wird nie kommen, an dem alle sagen: Jetzt ist alles gut.« Zu den Zahlen Gaulys über die kranken, leidenden Nutztiere gibt es keine einzige Frage, keinen einzigen Kommentar. Seine erschreckenden Befunde lösen sich einfach auf in der Ratlosigkeit und Verzweiflung seiner Zuhörer.

Einleitung

Der Tierschutz, der den Tieren Leid und Schmerz ersparen soll, steht auf dem Papier.

In den Ställen stehen millionenfach kranke Tiere.

Und in den Regalen und Kühltruhen der Supermärkte liegen ihre Produkte, von denen fast alle, die sie kaufen, glauben, es wären Lebensmittel von gesunden Tieren. Denn Krankheit ist keine deklarationspflichtige Zutat.

Kapitel 1

Die schmerzfreie Zone – Tiere in unserer Warenwelt

Wir suchen Tiere. Im Supermarkt. Wir suchen ihr Fleisch, ihre Lebern, ihre Nieren, ihre Zungen und Sehnen, wir suchen ihre Milch, ihre Eier, ihre Knochen und ihr Knochenmark, ihre Därme, ihr Blut. Würden die Tiere lebend im Laden stehen, es wäre ein kleiner Zoo mit Schweinen, Rindern, Puten, Hühnern, Wildschweinen, Lachsen, Hirschen, Thunfischen, Garnelen, Enten, Wachteln, Rehen, Hasen. Aber sie sind zerlegt und zerrieben, stückweise in Plastik verschweißt, tiefgefroren, pulverisiert, portioniert und durch den Fleischwolf gedrückt, in Konservendosen gepresst, als Rohstoff mit anderen Rohstoffen vermengt.

Berlin, Alexanderplatz, Galeria Kaufhof, die exquisite Lebensmittelabteilung im Erdgeschoss. Gleich am Eingang, fast lebensgroß, steht ein Hirsch oder ein Rentier, so genau lässt sich das nicht sagen. Das Lock-Tier ist aus Hartpappe-Puzzleteilen zusammengesteckt und steht inmitten eines Haufens italienischer »Pandoro«-Kuchen, die gern zu Weihnachten gegessen werden. Oben haben die rosafarbenen hutförmigen Schachteln eine rote Henkelschleife zum Tragen, auf dem Kartonboden steht ganz klein, schwer lesbar, dass der goldgelbe Kuchen Eier, Butter, Speisefettsäuren, Magermilchpulver und

Kapitel 1

Sahne enthält; auch die genannten Aromen können tierischen Ursprungs sein, wozu man aber nichts Näheres erfährt.

Ein paar Schritte weiter ein Regal mit Wildpasteten im Glas, auf den Schraubdeckeln Zeichnungen eines wühlenden Wildschweins und eines röhrenden Hirschs. Die Fasanenpastete besteht nur zu 20 Prozent aus Fasanenfleisch, 64 Prozent stammen vom Schwein; auch die Wildschwein- und die Hirschpasteten enthalten zu rund zwei Dritteln Fleisch und Leber vom Hausschwein. Gezeigt wird das wühlende und röhrende Wildtier, geliefert wird das eingesperrte Schwein vom Betonboden.[1]

Vorbei an Regalen voller Nudeln, in denen Tausende von Eiern verarbeitet sind, ohne dass sie auf den Verpackungen zu sehen sind. Vorbei an tiefgekühltem Seehecht, an Dorschleber- und Lachs-Konserven. Auf plastikverschweißten Medaillons steht: »Unser Thunfisch wird auf traditionelle Art auf den Malediven handgeangelt«, die Verpackung zeigt eine Palmeninsel mit einem buntbemalten Fischerboot, aus dem eine Angel ins Wasser ragt – eine Bildsprache wie im Kinderbuch, es fehlt nur noch das runde Gesicht des dösenden Anglers mit Strohhut. Daneben Pangasius, angeblich »ausschließlich aus verantwortungsvoller Fischzucht aus dem Mekong-Delta«[2].

Wir stehen vor einem Regal mit haltbarer Milch. Die bayerische Molkerei Weihenstephan verpackt sie ohne jeglichen Bezug zu Tieren: Kühles Blau dominiert den Karton, in einem Glas schwappt gleißend weiße Milch;[3] eine ganze Kartonseite ist reserviert für Informationen über das Verpackungsmaterial, das aus nachhaltig bewirtschafteten Wäldern stammen soll – um »zu schützen, was gut ist«; Informationen über die Milchkühe, ihren Schutz, ihre Haltung – Fehlanzeige. Bei Weihenstephan wird die Milch zum puren »Rohstoff«, der nicht aus Eutern zu kommen scheint, sondern aus silbernen sterilen Molkereitanks. Wie beim Mutterkonzern Müller,[4] der Milchdrinks mit Pistazien-Kokos-Geschmack, mit Eiskaffee- oder Bananengeschmack in grellbunte Plastikflaschen füllt, die beim Öffnen ein »Muuh« von sich geben: das unsichtbare Tier als Gag-Lieferant für ein Gewinnspiel. Oder, wie bei der »Landliebe«-Milch, als Kuscheltier: Gegen ausreichend Kassenbons verschickt die Molkerei »Kuscheldecken«, »Kuschelkissen« und die Kuschelkuh »Lotte«; als Stofftier darf die Schwarzbunte Hörner tragen, anders als die meisten echten »Landliebe«-Milchkühe im Stall. Bei Dr. Oetkers Kinderpudding PAULA mutiert die Kuh zur »coolen« Comicfigur mit Sonnenbrille, ihr Fell ist mal gelb, mal schokobraun gepunktet, passend zu den Puddingsorten Vanille und Stracciatella.[5]

Man findet auch Bilder von echten Kühen. Schwarzbunte in tiefgrünen irischen Küstenlandschaften. Braunvieh auf Almen vor schneebedeckten Gipfeln. Dazu die Bekenntnisse ihrer Halter: Landwirt Michael Stuffer vom Adlerhof im oberbayerischen Samerberg, Markenbotschafter des »Bergbauern Käse«, präsentiert sich auf der Verpackung sensenschwingend in einer blühenden Wiese, er trägt Rauschebart, Hut und Hosenträger und sagt den Satz: »Unser Hof ist ein kleiner Familienbetrieb – aus Überzeugung«; auf den hochgelegenen Wiesen bekämen seine Kühe hundert verschiedene Kräuter zu fressen.[6] Oder Hans-Lothar Hüttmann aus Schleswig-Holstein: Auf einer Arla-Milchtüte versichert der Bio-Bauer: »Wenn meine Kühe glücklich sind, bin ich es auch. Den Großteil des Sommers verbringen sie deshalb draußen auf der saftigen Weide, es sei denn, sie liegen gerade zum Dösen im Stall. Kein Stress, viel Platz für Auslauf und bestes Futter, ganz ohne Gentechnik. Ich sag mal so: Wenn es den Kühen gutgeht, dann schmeckt auch die Milch gut.«[7]

Dass der Bauer zufrieden ist, wenn seine Kühe gesund sind, kann man verstehen. Unsinn ist es aber, aus dem Geschmack einer Milch, die ein stark verarbeitetes Produkt ist, auf den Gesundheitszustand der Kühe zu schließen. Tatsächlich werden, wie in diesem Buch noch gezeigt wird, täglich Millionen von Litern Milch verarbeitet, die nachweislich von kranken Kühen stammen.

Achselzucken statt Antworten

An der Fleisch- und Wurstfachtheke bei Galeria Kaufhof am Berliner Alexanderplatz, laut Eigenwerbung eine Adresse für »Gourmets«,[8] drehen sich die Grillhähnchen in der Hitze. Wir fragen, woher die Tiere kommen. »Aus Italien«, antwortet der Grillmeister. Wissen Sie, wie die Tiere gehalten wurden? Der Mann sucht nach Unterlagen, findet nichts, schüttelt den Kopf – »ich kann nur sagen, dass sie aus Italien kommen.« Der Gourmet bleibt bei diesem Grillmeister in diesem Lebensmittelgeschäft ein ahnungsloser Kunde. Auf Salamiwürsten, ebenfalls aus Italien kommend, wird mit »kontrollierter Aufzucht« geworben – eine nahezu bedeutungslose Aussage, die nur die Selbstverständlichkeit beschreibt, dass ein Tierarzt gelegentlich in die Ställe schaut. Was er dort vorfindet – es bleibt sein Geheimnis. Wo mächtige Schinkenkeulen dicht an dicht von der Decke hängen, fragen wir, ob die Wildschweine im Gatter gehalten wurden oder in freier Wildbahn lebten? Die Antwort der Fachverkäuferin: Achselzucken. Neben der Kindermarke »Bärchen-Wurst« stoßen wir auf acht Leitzordner mit Produktinformationen: »Werte Kunden, entnehmen Sie bitte die Inhaltsstoffe den Ordnern.« Acht Ordner über Allergene und Zusatzstoffe, aber kein einziges Wort zu Haltung und Gesundheitszustand der Tiere.

Was Tiere angeht, ist der Supermarkt ein ganz eigenes Theater – eines, in dem der Vorhang meist geschlossen bleibt. Was wirklich gespielt wird, erfährt niemand. Nur gelegentlich tritt einer vor den Vorhang und verkündet Standardsprüche, macht Allerweltsaussagen. Manchmal geht der Vorhang sogar auf, dann ist die Bühne mit Kulissen idyllischer Landschaften, gesunder Tiere und uriger Bauern hergerichtet, mit anheimelnden Schreibschriften im Manufakturstil, mit prächtig gefiederten Hühnern, die vor lauter Glück – aber gegen jede Natur – gleich drei Eier ins gräserne Nest legen; bei der Kindervorstellung marschieren gern knuffige Bärchen, Comic-Kühe und süße Ferkel auf.

Es gibt in diesen Aufführungen keine Melkroboter und betonierten Stallböden ohne Stroh, keine stundenlangen Tiertransporte und erst recht keine Schlachthöfe, keine Muttersauen, die wochenlang fast bewegungslos zwischen stählernen Stangen ausharren müssen. Es gibt in diesen Stücken keine Euterentzündungen, verletzten Gelenke, kupierten Schwänze und Schnäbel, keine abgeschliffenen Zähne, keine kranken Organe, keine vergasten Küken und betäubungslos

Kapitel 1

kastrierten Ferkel, keine massenhaften Antibiotikagaben. Obwohl all dies zum Alltag von Millionen von Nutztieren gehört. Weil die Art, wie sie gezüchtet, gefüttert und gehalten werden, sie krank macht vom ersten Tag an. Trotzdem sind ihr Fleisch, ihre Milch und Innereien, ihre Eier, Knochen, Sehnen und ihr Blut die Rohstoffe für unsere Lebensmittel. Unsichtbare Zutaten für das, was wir täglich essen.

Tiere als Zutat sind verarbeitet in Pizzen, Kräuterbutter-Baguettes, Flammkuchen mit Speck, in Milchcremeschnitten, Schokopudding, Keksen, Schokolade, Süßigkeiten. In einer Lidl-Filiale in Berlin Mitte liegen Haribo-Color-Rado-Tüten. Auf der Verpackung steht nur »Gelatine«, es steht dort nicht, dass sie aus Schweineschwarten gewonnen wird. Das Zutaten-Schwein bleibt ungenannt, dafür zeigt die Verpackung den Haribo-Goldbären und eine lachende Fledermaus, die in sechs Farben als Fruchtgummi-»Vampir« in der Verpackung steckt.[9] Daneben türmen sich Tüten von Katjes-Yoghurt-Gums, darauf ein Extra-Kleber mit der Aufschrift »I (rotes Herz) Veggie, ohne tierische Gelatine«, garniert mit dem Siegel der European Vegetarian Union. Mit großen Augen grinst das Katjes-Kätzchen auf der Tüte. In der anderen Produktlinie von Katjes, den »Traditionsprodukten«, wird immer noch tierische Gelatine verarbeitet.[10]

Weiter zu den Fleisch-Kühlregalen, dorthin, wo von der Decke der sinnfreie Lidl-Slogan hängt »Gutes Fleisch erkennt man an der Vielfalt«. Hier gibt es eine bunte Auswahl: Hackfleisch gemischt, vom Schwein, vom Rind, Hackbällchen, Bratwurst, marinierte Rindersteaks, Putensteaks, Putengeschnetzeltes, Putenbrustteilstücke, Hähnchenherzen, Hähnchenschenkel,

Schweinemedaillonspieße, Hühncheninnenfilet, Bio-Hamburger ... Über die Haltungsbedingungen und die Gesundheit der Tiere erfährt der Käufer: nichts.

Die vielen Meter Kühlregale bei Edeka, Lidl, Rewe, Aldi & Co. stehen für den ungebrochenen Konsum von Fleisch und Wurst – und für das Sterben der kleinen Metzgereien. In Berlin besuchen wir eine von ihnen, eine zertifizierte Neuland-Metzgerei. Neuland ist ein Verein, dessen Trägerverbände der Deutsche Tierschutzbund, der Bund für Umwelt und Naturschutz und die Arbeitsgemeinschaft bäuerliche Landwirtschaft sind; ihr Anspruch ist es, dass die bundesweit mehr als 200 Neuland-Erzeuger »Qualitätsfleisch aus besonders tiergerechter Haltung« produzieren. »Besonders tiergerecht« – mit diesem Label darf nur Neuland werben, das sich ausdrücklich als Gegenmodell zur konventionellen hochintensiven Tierhaltung versteht. Und dennoch wurde Neuland im Frühjahr 2014 von einem Skandal erschüttert, den die meisten Verbraucher wohl nur bei konventionellen Fleischerzeugern vermuten würden: Ein Geflügelmast- und Schlachtbetrieb sowie zwei Neuland-Vermarktungsgesellschaften hatten massiv gegen die eigenen Richtlinien verstoßen und ihre Kunden betrogen; Geflügelfleisch aus konventioneller Aufzucht, teilweise aus Frankreich, war jahrelang als zertifizierte Neuland-Ware verkauft worden; auch Lammfleisch aus Frankreich war fälschlicherweise als Neuland-Fleisch verkauft worden. Neuland reagierte mit einer Neustrukturierung, schärferen Sanktionen, mit neuem Kontrollkonzept und externen Kontrolleuren, um verlorenes Vertrauen zurückzugewinnen.[11] In der Berliner Neuland-Metzgerei spricht der Metzger darüber ganz offen, glücklicherweise habe er von dem betrügerischen Lieferanten aber nie Geflügel bezogen. Er versichert, die Höfe und Bauern, die ihn mit Schweine- und Rindfleisch beliefern, aus eigener Anschauung zu kennen, er wisse deshalb, dass es den Tieren dort gutgehe. Als wir nach kranken Tieren fragen, antwortet er, darüber wisse er nichts, und gibt uns die Visitenkarte seines Chefs.

Vermutlich ging es den Tieren, die der Berliner Neuland-Metzger selbst zerlegt, tatsächlich relativ gut, wohl sogar besser als dem Durchschnitt. Genauso wie den Milchkühen von Bergbauer Stuffer und Bio-Bauer Hüttmann, die persönlich auf ihren Produktverpackungen werben. Aber auch Kühe von Kleinbauern leiden unter vermeidbaren haltungsbedingten Erkrankungen, stehen womöglich niemals auf einer Wiese oder sind sogar an 365 Tagen im Jahr im Stall angebunden. Auch den meisten freilaufenden Bio-Kühen werden die Hörner entfernt.[12] Auch Bio-Masthühnchen leben in Ställen mit bis zu 50 000 Tieren. Wann Nutztiere »glücklich« sind, wie es die Werbebotschaften gerne suggerieren, ist ein weites Feld, das der Verbraucher so wenig überschauen kann wie die schwammig definierten Qualitätsgarantien und Versprechen über Tiergesundheit. Es ist schlicht aussichtslos, zwischen Supermarktregalen verlässliche, nachprüfbare Antworten zu finden. Obwohl Tiere in so vielen Lebensmitteln vorkommen, bleiben ihre Lebensbedingungen in der Konsumwelt nahezu unsichtbar.

Verzweifelt gesucht: Glückliche Tiere

Ende 2015 schickte die Zeitschrift »essen & trinken« einen Reporter mit dem Auftrag los, das glücklichste Schwein Deutschlands zu finden.[13] Der Journalist wurde fündig an drei Orten, für die sich ihm das Wort »Paradies« aufdrängte. Er traf auf drei alte Schweinerassen, das *Angler Sattelschwein*, das *Bunte Bentheimer* und das *Schwäbisch-Hällische Landschwein*. Die Tiere haben mit Stroh ausgelegte Ställe, sie bekommen kein gentechnisch verändertes Futter, brauchen angeblich keine Antibiotika und genießen Schlammbäder; von den *Schwäbisch-Hällischen* leben manche sogar in einem kleinen Buchen- und Eichenwäldchen. Auch hier gilt: Den Sauen, Ebern und Ferkeln geht es vergleichsweise gut, vielleicht sind sie wirklich die »glücklichsten Schweine«, die es in Deutschland gibt. Und weil schon Dutzende von Reportern dieses Glück beschrieben haben, kann man sagen, dass es hierzulande keine öffentlicheren Schweineställe gibt. Aber die drei Rassen sind, wie der Reporter von »essen & trinken« richtig notierte, »kleine Randgruppen«, sie sind die Exponenten winziger Marktnischen. Die größte der drei alten Rassen, das *Schwäbisch-Hällische*, repräsentiert mit ihren rund 70 000 Ferkeln von 3500 Muttersauen[14] im Jahr bei gut 27 Millionen Schweinen in Deutschland[15] ein Promille-Paradies, das mit der gängigen Tierhaltung nichts gemein hat. Bezeichnend dafür ist, dass in der Lebensmittelabteilung der Berliner Galeria Kaufhof die Prospekte für das *Schwäbisch-Hällische* ausgerechnet an jener Fach-Fleischtheke ausliegen, an der der Grillmeister über seine Grillhühnchen nicht mehr zu erzählen weiß, als dass sie aus Italien stammen. Die auf dem

Prospekt gezeigten schwarz-rosa Schweine auf der Wiese sind hier Nutztiere im doppelten Sinn – als Fleischlieferant *und* als Darsteller im Supermarkt-Illusions-Theater.

Das wird auch beim Geflügel- und Rindfleisch geboten. Wer es sich leisten will, kann Geflügel aus »bäuerlicher Haltung« kaufen, robuste und langsam wachsende Rassen, die auf Freilandflächen aufwachsen; oder Rindfleisch vom Hohenloher Bio-Rind bis zum Charolais aus der Bourgogne und zum baskischen Txogitxu, die Kilopreise bis zu 40, 50 Euro und darüber hinaus. Wer solche Produkte kauft, weil er nur Fleisch fair gehaltener Tiere essen will, handelt in guter Absicht. Aber sein Gewissen kann er damit nicht beruhigen, denn die teurere Wahl an der Fleisch-, Wurst- oder Käsetheke ist keine Garantie für Tiergesundheit und ändert schon gar nichts am Elend und der Gnadenlosigkeit in den anderen Ställen. Das System, das Tiere nur als Rohstofflieferanten betrachtet und dabei keinen Unterschied macht zwischen dem Rohstoff von gesunden und von kranken Tieren, dieses System bleibt von der individuellen Kaufentscheidung gewissenhafter Käufer völlig unberührt. Es dreht sich einfach weiter, es produziert weiter Produkte von leidenden, kranken, verhaltensgestörten Tieren und verkauft sie ausnahmslos als Produkte gesunder glücklicher Tiere.

Diese Tatsache müssen auch Vegetarier und Veganer zur Kenntnis nehmen. Der Vegetarierbund Deutschland (VEBU) geht von rund 7,8 Millionen Vegetariern und 900 000 Veganern in Deutschland aus, das entspricht einem Bevölkerungsanteil von etwa zehn Prozent. Stolz zitiert der VEBU den ehemaligen Generaldirektor von Nestlé, Helmut Maucher, mit dem Satz: »Der Trend ins Vegetarische ist unaufhaltsam. Vielleicht isst in 100 Jahren kein Mensch mehr Fleisch.«[16] Vielleicht wird es so sein, vielleicht aber auch nicht. Und selbst wenn es so käme, würden Tiere bis dahin noch jahrzehntelang in krank machenden Produktionsverhältnissen gehalten, um für die noch nicht Überzeugten weiterhin Fleisch und Wurst, Käse und Joghurt, Quark, Kekse, Eier, Schokolade, Pizzen und Kuchen produzieren zu können. Durch die Strategie des individuellen Verzichts können sich Veganer der schuldhaften Verstrickung entziehen, Vegetarier immerhin ein Stück weit. Das verdient Anerkennung, aber zur Fairness gegenüber den Tieren gehört auch das Eingeständnis, dass sich für die allermeisten Nutztiere dadurch überhaupt nichts ändert, dass die katastrophalen Lebensverhältnisse in den Ställen fortbestehen. Der respektvolle Umgang mit *allen* Nutztieren bleibt so ein Projekt, dessen Realisierung in der fernen, sehr fernen Zukunft liegt. Die Realität erlaubt aber kein Zuwarten, wenn die »derzeitigen Haltungsbedingungen eines Großteils der Nutztiere nicht zukunftsfähig« sind, wie der *Wissenschaftliche Beirat für Agrarpolitik* beim Bundeslandwirtschaftsministerium 2015 feststellte.

Wir Verbraucher ahnen das, denn wir haben schon von zu vielen Skandalen gehört und gelesen. Aber gleichzeitig verdrängen wir die Ahnung gerne wieder, wenn Verbandsvertreter diese Skandale als die Verfehlungen einzelner »schwarzer Schafe« herunterspielen. Unsere Ahnung, dass die Tierquälerei systembedingt sein muss, zeigt sich regelmäßig in Umfragen, bei denen nennenswerte Anteile der Menschen antworten, sie würden weniger Fleisch essen oder höhere Preise akzeptieren, wenn es den Nutztieren dadurch besserginge.[17] Im »Ökobarometer 2016« des Bundeslandwirtschaftsministeriums begründen die Konsumenten von Bio-Kost ihr Einkaufsverhalten zu 93 Prozent mit der vermuteten »artgerechten« Tierhaltung.[18]

Wie unsicher viele Verbraucher sind, wie sie hin- und hergerissen sind zwischen Hoffnungen und Gewissheiten über das riesige Warenangebot und seine widersprüchlichen Werbeversprechen, zeigen die Beiträge in einem Online-Forum der Zeitschrift »Brigitte«.[19] »Ich kaufe oft bio, weil ich ein besseres Gefühl habe. Und ich hoffe, dass die Tierquälerei nicht so groß ist«, schreibt eine Leserin. Eine andere: »Mein Fokus liegt ganz klar auf dem Tierschutz. Eier und Milchprodukte aus konventioneller Haltung lehne ich ab. Fleisch esse ich erst seit kurzem wieder sehr selten, und wenn, dann nur bio und wenn möglich von einem Bio-Bauern, den ich kenne, oder von einem Hof, dessen Tiere ich draußen rumlaufen sehe.« Eine dritte Leserin gibt an: »Ich kaufe das, was mir schmeckt. Ob bio oder nicht, ist mir egal. Bei Eiern hoffe ich, dass die wirklich von freilaufenden Hühnern sind. Fleisch kaufe ich nur vom Metzger meines Vertrauens. Ob die Tiere allerdings wirklich ein glückliches Leben hatten und ganz ohne Chemie und Power-Aufbaufutter groß geworden sind, wage ich zu bezweifeln.« Noch enttäuschter bekennt ein Leser: »Ich kaufe, was ich lecker finde. Wenn bio draufsteht, gut, wenn nicht, auch gut. Ausnahme sind Eier. Da versuche ich wirklich, irgendwas zu erwischen, wo ›freilaufend‹ draufsteht, wobei ich keinen blassen Schimmer habe, ob auch ›freilaufend‹ drin ist. Ich habe es aufgegeben zu kapieren, was irgendwelche Siegel und sonstigen Versprechungen bedeuten.«

Jeder Erwachsene kauft mehrmals in der Woche Lebensmittel ein. Aber wie viele tun dies bei einem Bio-Bauern, den sie persönlich kennen? Und wie viele dieser winzigen Minderheit können tatsächlich beurteilen, ob dessen Tiere gesünder sind, artgemäßer gehalten werden als die des konventionell wirtschaftenden Nachbarbauern? Wie viele haben einen »Metzger ihres Vertrauens«, und wie oft kaufen sie wirklich bei ihm und nicht doch im billigeren Supermarkt? Und können sie wirklich sicher sein, dass der höhere Kilopreis bei »ihrem Metzger« seinen Grund im größeren »Glück« der verarbeiteten Tiere hat?

Die Realität ist, wie sie die Leser im Online-Forum beschreiben: Bis auf einige wenige, die das Geld und das Glück haben, bei einem vertrauenswürdigen Bauern oder Metzger in ihrer Nähe einkaufen zu können, die außerdem die Muße haben, sich in Tierhaltungsfragen kundig zu machen, hat der Verbraucher »keinen blassen Schimmer«. In den Debatten über »bio oder konventionell«, »Discounter oder Fachgeschäft«, »Kleinbauer oder Massentierhaltung« werden selten überzeugende Argumente ausgetauscht, gefühlte Gewissheiten spielen eine viel zu große Rolle; der Glaube an die Wirksamkeit individuellen Konsumverhaltens wird leider überschätzt. Das Dilemma bleibt: Verbraucher können sich nicht darauf verlassen, dass die Nutztiere, von denen ihre Lebensmittel stammen, ordentlich behandelt wurden.

Eine Alnatura-Filiale in Berlin. Am Eingang passiert man Körbe mit Käsefondue und Eierlikör – ohne Verweis auf die tierischen Zutaten und deren Erzeugung –, dann steht man vor einer ausladenden Käsetheke mit einem ebensolchen Angebot. Im Rücken der Verkäuferin große, farbige Fotos von Bio-Erzeugern: ein Bauer mitten im Getreidefeld, ein Müller mit einem Getreidesack auf der Schulter, ein Dritter hält liebevoll den Kopf seiner *Pinzgauer* Kuh im Arm. Wohlfühlbilder. Und Wohlfühlslogans: »Frische Bio-Heumilch«; »Hier kommt der Bio-Bergkäse her, auf über 1000 Meter hohen naturgeschützten Almen genießen die Kühe eine besondere Haltung. Im Sommer gibt es Gräser und Kräuter auf der Weide, im Winter ausschließlich Heu. Für eine besonders artgerechte Haltung sorgen das Melken dreimal täglich und die Haltung in kleinen Herden.« Das Bilder-Panorama und die Erklärungen überstrahlen alles, man kann den Eindruck gewinnen, als würden diese wenigen Landmenschen und wenigen Tiere in freier Natur die Milch liefern für all die vielen Käsesorten, für die Milch und die Joghurts, für Butter und Sahne und Quark. Die Bilder sind offenbar so stark, dass die Kunden ihnen vertrauen und deshalb gar nicht mehr nach der Haltung der Tiere fragen: »Im Bio-Laden gehen sie einfach davon aus, dass es den Tieren gutgeht«, sagt die Verkäuferin. Aber kranke, leidende, mit Antibiotika behandelte Tiere gibt es nicht nur in der konventionellen Tierhaltung.

In einer Tiefkühltruhe finden wir Hähnchenkeulen und ganze Hähnchen zum Kilopreis von rund 15 Euro. Es sind bratfertige Bio-Produkte des Tiefkühlkost-Spezialisten Biopolar.[20] Über die »strengen Naturland-Richtlinien« erfährt man, dass die im Freiland gehaltenen Tiere »großzügigen Grünauslauf« genießen, dass sie »durch niedrige Besatzdichten arteigenes Verhalten« ausleben können und weder Wachstumsförderer und Hormone noch Gentechnik-Futter bekommen. Das ist etwas dick aufgetragen, weil Wachstumsförderer und Hormone ohnehin verboten sind und auf Gentech-Futter auch viele andere Erzeuger verzichten. Auf der Website des Unternehmens dann aber eine überraschend ehrliche Auseinandersetzung mit dem eigenen Handeln: »Bio ist nicht perfekt. Auch der Bio-Markt ist ein Wirtschaftsbereich, der eine Nachfrage befriedigen will. Dies kann nur mit industriellen Strukturen ermöglicht werden. Es gibt Lücken, Kompromisse, ethische Spannungsfelder, auch bei uns ...«[21] Auf der Website werden »Licht- und Schattenseiten« mehrerer Produkte aufgeführt. Zum »Schatten« beim Bio-Lachs-Filet heißt es: »Ökologische Aquakultur entspricht nicht der natürlichen Lebensweise von Lachsen. Der Lachs ist vor der Geschlechtsreife ein Schwarmtier, hat aber auch in der Öko-Aquakultur einen eingeschränkten Lebensraum. Durch die Zuchtmethode der Aquakultur treten Lachs-Krankheiten häufiger auf als in freier Wildbahn.«[22] Zu seinen Suppenhühnern schreibt Biopolar: »Der Bruder der Henne wird auch im Bio-Bereich direkt nach dem Schlupf durch Vergasen oder Schreddern getötet. Der Bruder der Legehenne ist genetisch nicht auf eine schnelle Gewichtszunahme gezüchtet. Er nimmt im Vergleich zu einem Masthuhn nur sehr langsam zu und ist daher unwirtschaftlich.«[23] Der »Schatten« bei den Masthühnern: »Die Elterntiere der Küken werden restriktiv gefüttert. Obwohl die Tiere auf Gewichtszunahme gezüchtet sind, bekommen sie nur zu bestimmten Zeiten eine definierte Futtermenge und können so ihrem angeborenen Fressverhalten nicht nachgehen. Zudem haben sie aufgrund des Infektionsschutzes keinen Grünauslauf.«[24] Zur Putenhaltung der Hinweis: »Puten sind sehr sensible, anfällige

Tiere und weisen daher eine hohe Sterblichkeitsrate von bis zu 10 Prozent auf.«[25]

Die ungewöhnliche Offenheit, mit der hier ein Anbieter aus dem Bio-Bereich um Verständnis und Vertrauen wirbt, zeigt: Der Blick auf die Schattenseiten der Nutztierhaltung ist überfällig.

Kapitel 2

Der elende Alltag von Kuh, Schwein und Huhn

Die Marathon-Milchkuh

Die meisten Menschen mögen Kühe, und viele würden das damit begründen, dass die Tiere so ruhig, so beruhigend wirken, irgendwie gemütlich, angenehm phlegmatisch. Dabei wissen die wenigsten, dass Milchkühe in ihrem Innern permanent Höchstleistungen vollbringen, die jeden Marathonläufer als Amateur dastehen lassen. Damit eine Kuh einen einzigen Liter Milch produzieren kann, muss ihr Herz etwa 500 Liter Blut durchs Euter pumpen, bei einer Leistung von 40 Litern Milch am Tag sind das rund 20 000 Liter; hinzu kommen 50 000 bis 60 000 Liter tägliche Pumpleistung durch die für den Stoffwechsel so wichtige Leber; zählt man die Durchblutung des restlichen Körpers hinzu, pumpt das Kuhherz täglich mehr als 100 000 Liter Blut durch den Körper, umgerechnet auf den Liter Milch sind das 2000 bis 3000 Liter.[1] Ein Rennpferd im Galopp leistet Vergleichbares, aber es galoppiert nur wenige Minuten. Der Marathonläufer darf sich nach den Strapazen tagelang regenerieren. Das Marathontier Kuh im Stall aber, das so phlegmatisch wirkt, bestreitet den Marathon vier- bis sechsmal pro Tag.[2] An sieben Tagen in der Woche. An 44 Wochen im Jahr.

Dann bekommt die Kuh eine Milchpause von sechs bis acht Wochen, um ihr Kalb zur Welt zu bringen. Von dem sie sich aber schon nach wenigen Tagen wieder trennen muss, um einen neuen Milchmarathon über 44 Wochen zu laufen. Dass das auf Dauer nicht gutgehen kann, ahnt auch der Laie. Landwirte und Tierärzte wissen und sehen es.

Einer, der es besonders genau weiß, ist Holger Martens. Martens wuchs als Sohn eines Müllermeisters und Nebenerwerbsbauern mit Kühen in Schleswig-Holstein auf, er wurde Tierarzt und war bis 2010 Professor am Institut für Veterinär-Physiologie der Freien Universität Berlin.[3] Schon immer faszinierte ihn diese »phänomenale« Leistung der Kühe, aber er erschrak, als er lernte, wie schnell die Tiere im Schlachthof landen. So wurde die Milchkuh sein Thema, und nur wenige in Deutschland wissen so viel über die Wiederkäuer wie er. Auch das *Bayerische Landwirtschaftliche Wochenblatt* nannte ihn einen »ausgesprochenen Fachmann auf dem Gebiet«[4]. »Die Milchkuh – wenn die Leistung zur Last wird« – mit solchen und ähnlich betitelten Referaten und Artikeln zieht Holger Martens seit vielen Jahren mahnend durchs Land.

Der zentrale Begriff in Martens' Analysen ist die »Negative Energiebilanz (NEB)«. Das klingt kompliziert, ist aber leicht nachzuvollziehen: Die negative Energiebilanz beschreibt die Tatsache, dass die Kuh schon vor der Geburt ihres Kalbs, vor allem aber in den ersten Wochen danach, weniger Energie über ihr Futter aufnimmt, als sie zur Aufrechterhaltung ihrer eigenen Körperfunktionen und zur Milchproduktion benötigt. »Die Kuh frisst zu wenig, und selbst wenn sie frisst, dann nicht für sich selbst, sondern für die Milch«, sagt Martens. »Kühe sind Mütter und geben alles für ihr Kalb – das ist ihr altes Erbe von den Auerochsen.« Dieses für das Kalb und die Arterhaltung sinnvolle Verhalten, das in den ersten Wochen nach der Geburt zu einer energetischen Unterversorgung mit Gewichtsverlusten von dreißig, vierzig, bis zu sechzig Kilogramm führt, wird unter den Bedingungen der Hochleistungsproduktion zum »zentralen Risikofaktor«.[5] Die Kühe geraten an ihre physischen Grenzen, werden anfällig für alle Arten von Krankheiten.

Der viel zu frühe Gang zum Schlachter

Eine der häufigsten Folgen ihrer Überbeanspruchung sind Fruchtbarkeitsstörungen: Die ausgezehrte, abgemagerte Kuh verweigert die neue Trächtigkeit, trotz oft mehrerer Besamungsversuche und begleitender Hormongabe. Sie ist ein weibliches Säugetier im Dauerstress, das sich weigert, schon wieder Mutter zu werden. Für den Landwirt wird sie dann aber unbrauchbar, denn nur eine trächtige Kuh beginnt erneut mit der Milchproduktion. Die Kuh ist für den Landwirt dann nur noch das Fleisch auf ihren Knochen wert. Und das ist nicht viel, weil sie auf eine hohe Milchleistung gezüchtet wurde, nicht darauf, besonders viel Fleisch anzusetzen.

Die Fruchtbarkeitsstörungen sind nur ein Krankheitssymptom von vielen. Veterinär-Professor Martens hat die Zahlen zusammengetragen, das Ergebnis hält er für nicht mehr tolerabel: Jedes Jahr wird rund ein Fünftel aller Kühe vorzeitig aus den Ställen aussortiert und zum Schlachthof gebracht, weil sie krank sind oder krank waren, Tendenz leicht steigend. 2014 waren das 850 000 Milchkühe – 21,5 Prozent von ihnen litten unter Fruchtbarkeitsstörungen, gut 14 Prozent unter Eutererkrankungen, rund 11 Prozent hatten Klauenerkrankungen, bei weiteren gut 10 Prozent waren Stoffwechselstörungen (Milchfieber, Ketose) und sonstige Erkrankungen festgestellt worden. Die Tiere können nicht mehr geheilt werden, oder ihre Behandlung wäre für den Landwirt mit großer Wahrscheinlichkeit ein Verlustgeschäft.

»Die Hochleistungskuh ist nicht fehlertolerant: Schon kleine Abweichungen in der Fütterung oder bei der Haltung können sie krank machen«, weiß Wissenschaftler Martens, »der Landwirt kann die Situation im Stall modellieren, aber nicht grundlegend verändern.« Einfacher ausgedrückt: Wissen, Erfahrung und Engagement des Landwirts sind natürlich eine wichtige Voraussetzung, aber letztlich kann er das komplexe Geschehen im Stall nicht mehr völlig sicher steuern. Dafür sprechen die zum Teil erheblichen Schwankungen bei den Erkrankungsraten: Während in manchen Betrieben die allermeisten Kühe gesund sind, erkranken in anderen Betrieben 50, 60, 70 Prozent der Tiere in irgendeiner Form,[6] obwohl dort ähnlich viele Tiere gehalten werden, obwohl die Haltungsform die gleiche ist, obwohl die Kühe ähnliches Futter bekommen. Damit ist offensichtlich, dass es – anders als es Bundeslandwirtschaftsminister Schmidt behauptet – längst nicht nur eine Frage der Haltung ist, ob es den Kühen gutgeht. Vielmehr muss man sich, um eine hohe Tiergesundheit zu erreichen, das Zusammenspiel einer Vielzahl von Faktoren buchstäblich in jedem einzelnen Betrieb sehr genau anschauen.

Wie selbstverständlich *Produktionskrankheiten* aber offenbar schon zum System gehören, zeigt ein Merkblatt der Deutschen Landwirtschafts-Gesellschaft (DLG) über Milchkühe. Dort steht in einer Tabelle mit Indikatoren über Tiergesundheit ein gelber Smiley, wenn der Landwirt an weniger als 15 Prozent der Kühe Gelenksveränderungen oder Lahmheiten entdeckt; ein Smiley, so wird in der Tabellenlegende erklärt, stehe für »optimal«.[7] 15 Prozent lahmender Kühe mögen nach dieser Tabelle bereits als »Optimum« erscheinen, für die Tiere bedeutet es Schmerz und Leiden.

Zu den vorzeitigen, krankheitsbedingten Abgängen von rund 850 000 Milchkühen pro Jahr müssen weitere drei bis fünf Prozent hinzugezählt werden, also weitere 130 000 bis 210 000 Kühe, die bereits im Stall sterben oder dort eingeschläfert werden müssen. 3 bis 5 Prozent – das ist eine Schätzung von Holger Martens aufgrund ähnlicher Zahlen in Schweden, den USA oder Dänemark.[8] »Dort ist das gut dokumentiert, aber in Deutschland sind diese Zahlen nicht zu bekommen«, kritisiert Martens. Genauso wenig die Zahl jener kranken Milchkühe, die zwar noch lebend im Schlachthof ankommen, dort aber wegen ihrer schweren Erkrankung nicht mehr zu Fleisch verarbeitet werden können und am Ende in der Tierkörperbeseitigung landen. Die Aussagen von Tierarztkollegen lassen Holger Martens vermuten, dass die Zahl dieser Fälle steigt.

»Das Elend ist greifbar«, bilanziert der Wissenschaftler, »wir sollten deshalb mehr darüber nachdenken, wie wir mehr Tiergesundheit bekommen, und weniger darüber, die Milchleistung der Kühe immer weiter in die Höhe zu treiben. Diese Hoch- und Höchstleistungen sind das wichtigste Krankheitsrisiko.« Doch genau das war das Ziel der Milchviehzucht während der vergangenen Jahrzehnte: Die Kühe sollten immer noch mehr Milch geben. Zwischen 1970 und 2014 verdoppelte sich ihre Leistung von 3725 auf 7390 Liter[9] pro Laktation (so nennt man die etwa 300 Tage dauernde Melkperiode nach der Geburt des Kalbs), eine »Spitzenkuh« in den USA soll angeblich schon annähernd 33 000 Liter Milch im Jahr gegeben haben.[10]

Mit der wachsenden Milchleistung steigt aber nicht nur das Erkrankungsrisiko für die Kuh, es wächst auch die Not des Landwirts. Denn kranke Kühe erfordern Betreuungszeit, sie geben oft weniger Milch, verursachen Tierarztkosten, brauchen teure Medikamente, mit denen der Landwirt seine Tiere zu alten Höchstleistungen zurückführen will. Aber die Hoffnung wird regelmäßig enttäuscht, der Landwirt muss die kranke Kuh zum Schlachter geben. Im Durchschnitt sind die Tiere dann gerade mal etwa fünfeinhalb Jahre alt (bei einer natürlichen Altersgrenze von 15 bis 20 Jahren[11]), von denen sie dem Landwirt kaum drei Jahre als Milchkuh dienten. »Mir berichten Tierärzte, die Schlachthöfe betreuen, dass es nicht auszuhalten ist, was da an jungen, kranken Tieren ankommt«, sagt Veterinär Holger Martens. Die Bauern müssen also relativ junge Kühe wegen Krankheit aussortieren, die ihr höchstes Leistungsvermögen noch gar nicht erreicht haben, und sie durch neue Kühe ersetzen. Manche Bauern drosseln deshalb bewusst die Milchleistung der Tiere, sie schmälern damit ihren Umsatz, sparen dafür aber beim leistungssteigernden Kraftfutter und im günstigen Fall auch bei den Medikamenten und Tierarztkosten.

Der Trick mit der Zellzahl

Die Höchstleistungsdoktrin im Stall hat viele negative Folgen: Sie macht, wie gezeigt, Jahr für Jahr Hunderttausende von Milchkühen krank und lässt sie leiden, sie schadet den Bauern wirtschaftlich – und sie führt die Verbraucher von Milchprodukten in die Irre. Um das zu verstehen, muss man an die Quelle, zum Euter, diesem empfindlichen Organ, das immer öfter von Melkrobotern bearbeitet wird. Durch seine vier Zitzen fließen nicht nur rund 25 Liter Milch pro Tag;[12] in umgekehrter Richtung können auch Erreger nach innen gelangen, wenn sich die Kuh nach dem Melken in ihre Exkremente legt. Auf diese Weise erkranken Milchkühe häufig an einer Euterentzündung, die in der Regel äußerst schmerzhaft ist; die Kuh reagiert zunächst mit deutlichen Abwehrbewegungen, wenn man das Euter anfasst, später legt sie sich hin und steht vor Schmerzen nicht mehr auf. Ein weiterer Indikator für eine Euterentzündung ist die erhöhte Zahl körpereigener Zellen in der Milch (wie zum Beispiel weiße Blutkörperchen) – sie zeigen an, dass sich das Immunsystem der Kuh gegen die Erreger zur Wehr setzt. Als anzustrebender Wert gilt eine Zahl von 100 000 Zellen pro Milliliter Milch: Kühe mit einer Milch unterhalb dieses Werts können als »eutergesund« angesehen werden, Zahlen oberhalb von 200 000 deuten auf mangelnde Eutergesundheit hin;[13] Werte über 400 000 Zellen pro Milliliter zeigen mit sehr hoher Wahrscheinlichkeit eine Euterentzündung an.

Schwappt in den Milchtanks auf den Höfen der Landwirte wiederholt Milch über diesem Grenzwert, kann ihm die Molkerei die Abholung verweigern.¹⁴ Ob und wie oft dies auch tatsächlich passiert, ist nicht bekannt. Bekannt ist allerdings, dass sehr viele Betriebe weit über dem angestrebten Wert von 100 000 Zellen liegen und viele sogar den zulässigen Grenzwert von 400 000 Zellen pro Milliliter überschreiten: 2009 zeigten Datenauswertungen in Bayern, dass circa elf Prozent der Milchviehbestände über dem 400 000-Wert lagen;¹⁵ in einer anderen Erhebung in 115 Betrieben stießen Wissenschaftler im Jahr 2015 auf einen Anteil von Kühen mit Zellzahlen jenseits von 400 000 zwischen 2,6 und 31,4 Prozent! Im Durchschnitt waren in den konventionellen Betrieben 15,2 Prozent der Tiere betroffen, bei den ökologisch wirtschaftenden Höfen waren es nur unwesentlich weniger (14,5 Prozent).¹⁶ Tatsächlich können Landwirte selbst die Milch sogenannter Millionärinnen in ihre Tanks füllen, also Milch von erkennbar euterkranken Kühen mit Zellzahlen von einer Million und mehr. Der Trick: Ihre Milch vermischt sich im Tank mit der Milch ihrer gesünderen Kühe mit niedrigeren Zellzahlen.¹⁷

Die unerwünschten Zellen werden in der Molkerei mit Hilfe von Zentrifugen zwar wieder herausgefiltert. Dennoch bleibt die bittere Erkenntnis: Wer Milch kauft – oder irgendein anderes Milchprodukt –, kauft ahnungslos immer auch Milch von Kühen, die euterkrank sind. Es gibt in den Kühlregalen der Supermärkte keine Milch, keinen Joghurt und keinen Käse, die ausschließlich von gesunden Kühen stammen. Das ist doppelt bitter, wenn man bedenkt, dass es den Molkereien und dem Lebensmittelhandel in den vergangenen Jahrzehnten gelungen ist, Milch als »gesundes« Produkt in den Köpfen der Kunden zu verankern. Ausgerechnet Milch von kranken Kühen!

Hoffnung auf den Kuhguru

Auf dem Hof von Landwirt Olaf Fackiner[18] sieht man die Reste eines weißen Rinnsals, das sich am Morgen in den Gully ergossen hat: Es passierte, als der Lkw der Molkerei die Milch aus seinem Tank abpumpte. Olaf Fackiner ärgert das. Und es erinnert ihn an den Milchlieferstreik vor einigen Jahren, als Kollegen und er Hunderte von Litern Milch mit Absicht in das Abwasser kippten, aus Protest, weil der Milchpreis im Keller war. Die Zeiten sind jetzt wieder so, viele Milchbauern sind wieder so verzweifelt wie damals, weil sie ums Überleben kämpfen: Was sie ihren Kühen abgewinnen, ist zur Ramschware verkommen.

Wenn man Olaf Fackiner im nordhessischen Frankenau besucht und ihm einige Stunden zugehört hat, wenn man seine Ställe und Milchkühe, das Melkkarussell und die Fahrsilos für das Silagefutter gesehen hat, dann verlässt man den Hof mit einem Gefühl des Respekts. Davor, dass Olaf Fackiner durchhält. Dass er den Hof und die Familientradition erhalten will. Dass er die Hoffnung nicht aufgibt, den Betrieb einmal mit gutem Gefühl an seine Kinder weitergeben zu können, sie wären die vierte Generation. Aber man lernt auch, wie schwierig es für einen Milchviehbetrieb ist, unter den herrschenden Marktbedingungen wirtschaftlich zu überleben und für gute Tiergesundheit zu sorgen.

Olaf Fackiner, Mitte vierzig, ein Mann mit rundem Gesicht und rundem Bauch, Gummistiefel, kariertes Hemd, Hose im Military-Look und Schildmütze, ist den Weg gegangen, den die meisten gehen: Er ließ seinen Betrieb wachsen und immer

Kapitel 2

weiter wachsen. Aus den sieben Milchkühen und ein paar Schweinen und Pferden, mit denen sein Vater 1959 am Ortsrand von Frankenau-Dainrode auf den Birkenhof aussiedelte, sind 280 Milchkühe geworden, dazu 150 weibliche Jungtiere für die Nachzucht. »Wir haben unsere Größe alle zehn Jahre verdoppelt«, sagt Fackiner. In seiner Aussage schwingt Stolz mit, aber Fackiner ist ein zu nachdenklicher Typ, als dass er die Schattenseiten leugnen könnte. »Schönreden hilft ja nichts«, sagt er. Drei, vier Millionen Euro hat er in den vergangenen zwei Jahrzehnten investiert, in neue Ställe, die Bio-Gasanlage für die Gülle, in den beachtlichen Fuhrpark, in die Solarstromanlage, die Siloanlagen. »Wenn ich daran denke, wie viel Geld wir schon ausgegeben haben, zum allergrößten Teil fremdfinanziert, wird mir mulmig.« Aber das Risiko gehöre nun mal dazu, »ich bin Unternehmer, und ich bin es gern.« Als Unternehmer wäre es ihm auch lieber, wenn sein Einkommen nicht zu etwa 40 Prozent aus Direktzahlungen der Europäischen Union käme, sondern aus angemessenen Preisen für das, was seine Kühe und er produzieren: Milch.

Milchtrinker, die wenig Bezug zur Landwirtschaft haben, sagen ihm manchmal, auf den Bauernhöfen solle es doch wieder so zugehen wie früher. Und wenn er ihnen das Melkkarussell zeigt, rümpfen sie zuerst die Nase über diese »industrielle« Anmutung. Er erklärt ihnen dann, dass die Arbeit dadurch nicht mehr so anstrengend sei, so wie ja jeder heute auch das Gras im eigenen Garten nicht mehr mit der Sense mähen wolle; die Arbeit gehe auch viel schneller von der Hand: Eine Person kann in einer Stunde 120 Kühe melken, im alten Melkstand waren zwei Personen mit 90 Kühen dreieinhalb Stunden beschäftigt. »Wir müssen günstiger produzieren, so wie das auch andere Branchen ständig versuchen«, sagt Fackiner. Die Produktion eines Liters Milch kostet ihn alles in allem 32 Cent, viel weniger als früher, aber immer noch zu viel gemessen an dem, was ihm die Molkerei Ende 2015 für den Liter bezahlt: 28 Cent. Ein Nachbarlandwirt hat sich gerade einen Melkroboter angeschafft. Fackiner spricht vom »Überlebenskampf«. In den vergangenen zehn Jahren ist die Zahl der Milchviehhalter in Deutschland von 110 000 auf 75 000 gesunken,[19] allein 2015 gaben gut 3200 von Fackiners Kollegen, die auch seine Konkurrenten sind, auf.[20] Die Zahl der Kühe sank aber nur minimal, das bedeutet, die übriggebliebenen Betriebe stockten – wie Fackiner – ihre Kuhzahlen auf und produzieren – auch über Leistungssteigerungen ihrer Kühe – mehr Milch.[21] Die soll der Weltmarkt aufnehmen – so predigen es die EU und der Deutsche Bauernverband seit Jahren und raten den Bauern zu immer mehr Wachstum.

Olaf Fackiner hat eine Landwirtschaftslehre absolviert und den Agrartechniker draufgesattelt; im US-Bundesstaat Wisconsin, dem »Milch-Staat« des Landes, wo sich niemand über Ställe mit mehreren tausend Kühen wundert, machte er während seiner Ausbildung ein Praktikum. »Aus anderen Ländern kommen günstigere Lebensmittel, mit denen müssen wir konkurrieren können, das ist unsere Aufgabe, sonst können wir nicht bestehen.« Dafür sei eine gewisse Größe notwendig. Weil er mit seinen 280 Kühen inzwischen zu den drei Prozent der großen Milchbauern gehört, die ein Viertel aller Tiere auf sich vereinen,[22] kann er zwei rumänische Mitarbeiter in Vollzeit beschäftigen, sie wohnen auf dem Hof.

Seine Frau arbeitet ebenfalls mit, »wir sind ein erweiterter Familienbetrieb«.

Die Größe helfe ihm, auch bei der Tiergesundheit voranzukommen. Bei 100 Kühen, die man allein versorgen müsse, sei das schwieriger als bei 200 Kühen, mit denen man mehr Einnahmen erzielt. Die neuen luftigeren Ställe, die elektrischen Massagebürsten, die 30 Zentimeter dicken »Matratzen« aus Stroh, Sägemehl und Kalk für die Liegeboxen, die zweimal täglich gereinigt werden, die Schieber, die alle paar Stunden vollautomatisch die Laufflächen vom Mist befreien – all das, sagt Olaf Fackiner, sei für einen kleinen Betrieb nicht mehr finanzierbar. »Zu den Zuständen von früher wollen auch meine Kühe nicht zurück. Es geht ihnen heute besser. Für mich sind die Kühe Mitarbeiter. Wenn es ihnen gutgeht, können sie auch gute Leistung bringen. Und dann geht es auch dem Betrieb gut. Der Kuhkomfort wird bei uns immer weiter optimiert.«

Alle Landwirte sagen solche Sätze. Bei Olaf Fackiner wirken sie nicht aufgesetzt. Seine »Kuhverrücktheit« und die seiner Familie sind in einem der Bürogänge im Stall dokumentiert. Dort hängen Bilder von Lori, Roxy, Milena und anderen außergewöhnlichen Kühen an der Wand. Ein Foto hat einen schwarzen Trauerflor, das war Marie, andere Fotos zeigen Kälbchen und Kühe, die seine Kinder bei Vorführ- und Scherwettbewerben der Züchterjugend stolz präsentieren, schön hergerichtet mit bunten Schärpen am Kopf und aufgefönter Rückenlinie.

Aber weil Schönreden ja nichts hilft, wie Olaf Fackiner gerne sagt, spricht er auch über das, was nicht gut läuft im Stall. Die Zellzahlen sind ordentlich, findet er, sie liegen meist unter 200 000, auch die Lahmheiten sind nicht das Problem. Aber auch seine Kühe werden wie im bundesweiten Durchschnitt nur zwei- oder dreimal trächtig, geben also durchschnittlich nur zweieinhalb Jahre Milch, bevor sie den Hof verlassen müssen. Dabei sollten zehn Jahre das Ziel sein, wie er findet. Eine Milchkuh wie Babs, die sieben Kälber hatte und 14 Jahre alt wurde – und deshalb die magische Grenze von 100 000 Liter Lebensleistung erreichte –, ist auch auf dem Birkenhof von Olaf Fackiner die ganz große Ausnahme. Der frühe Abgang der meisten Tiere ist kein Zeichen hoher Tiergesundheit. Liegt es, wovon der Veterinär-Professor Holger Martens überzeugt ist, an der zu hohen Milchleistung am Anfang, die den Kühen abgefordert wird – und die sie erbringen in ihrem naturgegebenen Verhalten, das Kalb bestmöglich zu versorgen? »Warum hat man so lange auf hohe Milchleistung gezüchtet und achtet erst jetzt wieder etwas mehr auf Langlebigkeit?«, fragt Olaf Fackiner. Er hat schon nach einer Tierärztin gesucht, die er für einige Stunden täglich einstellen würde, damit sie die Tiere eingehend beobachten kann. Das würde seine Kosten weiter erhöhen, aber das wäre es ihm wert. Es könnte sich auf längere Sicht sogar auszahlen, wenn die Kühe ihm länger erhalten bleiben. Olaf Fackiner hat keine Tierärztin gefunden, er hat jetzt Kontakt mit einem Mann aus Österreich aufgenommen, der unter Milchviehhaltern als »Kuhguru« bekannt ist.

Findet Olaf Fackiner doch noch eine Tierärztin oder verbessert er mit der Hilfe des Kuhgurus die Gesundheit seiner Tiere, wird dieser Markt es nicht honorieren, er wird es bestrafen. Weil im Milchmarkt Tiergesundheit nicht zählt, weil es nicht um die beste Milch von den gesündesten Tieren geht, sondern nur um die Milchmenge. Weil die Molkereien ein homogenes

Rohprodukt wollen, aus dem sie so ziemlich alles machen können, jede Marke, jede Produktart. Ob die Milch dafür von kranken oder gesunden Kühen stammt, ist einerlei.

Am Ende wird alles als »gesundes« Milchprodukt verkauft.

Das Schinken-Schnitzel-Schwein

Wenn man verstehen will, warum der *Wissenschaftliche Beirat für Agrarpolitik* beim Bundeslandwirtschaftsministerium zu dem vernichtenden Ergebnis kam, die Haltungsbedingungen »eines Großteils der Nutztiere« seien »nicht zukunftsfähig«, muss man sich im Internetforum pigpool.de umschauen. Dort wird konkret, was es heißt, ein Schwein in Menschenhand zu sein. Auf pigpool.de berichten Tierärzte Monat für Monat über aktuelle Fälle, zu denen sie in deutschen Schweineställen gerufen werden. Auch wenn es nur Einzelaufnahmen sind, kann, wer die Berichte gelesen hat, im Supermarkt kaum noch arglos Schweineschnitzel und -filet, Schinkenstreifen, Speckwürfel oder Gelbwurst einkaufen.

In einem größeren Betrieb für Muttersauen, deren Lebenszweck darin besteht, möglichst viele Ferkel zu werfen, sind infolge einer noch nicht aufgebauten Immunität der Sauen gegen Erreger plötzlich 70 Prozent der Ferkel sogenannte Zitterferkel, berichtet ein Tierarzt. Die Schweinchen zittern am ganzen Körper, »häufig in Wellen vom Kopf nach hinten verlaufend bei sägebockartiger Stellung der Gliedmaßen«. Berühre er ein Ferkel, schreibt der Veterinär, vollführe es »regelrechte bockartige Sprünge auf allen vier Gliedmaßen gleichzeitig.«

Zwar werden viele Ferkel innerhalb einiger Tage oder Wochen wieder gesund, aber viele andere verhungern, sterben an Unterkühlung oder werden von ihren Müttern aus Versehen erdrückt. Der Tierarzt gibt eine Verlustrate von 45 Prozent an.[23] In einem anderen Sauenstall rafft trotz vorbildlicher Hygiene ein Virus in zwei Ferkelgruppen 20 bzw. 25 Prozent der Tiere dahin, die vorangegangenen Symptome waren Erbrechen, hochgradiger Durchfall und Dehydrierung.[24] In einem dritten Sauenstall sterben in der Ferkelaufzucht trotz ausgiebiger Medikamentengabe 14 Prozent der Schweinchen.[25]

In einem Mastbetrieb füttert der Besitzer 800 Jungtiere zur Stressberuhigung mit einer Überdosis Magnesiumoxid, er vergiftet seine Tiere regelrecht; allein am Tag des Hilferufs an den Tierarzt verenden von 180 erkrankten Tieren acht bereits im Stall. Der Tierarzt schreibt: »Die Tiere lagen vielfach in Haufen in den Buchtenecken (...) Der Kotabsatz erfolgte unter deutlichen Schmerzäußerungen und zeigte eine wässrige bis dünnbreiige Konsistenz, zum Teil leicht blutig (...).«[26]

In der »Diskussion« eines Falls, bei dem gleich in mehreren Betrieben Ferkel unter der »Ödemkrankheit« leiden und im finalen Stadium heiser quieken und sich blau verfärben, vermutet der Tierarzt als eine der möglichen Ursachen das Wachstum der Betriebe: Immer größere Tiergruppen würden an zu wenigen Fressplätzen mit zum Teil immer technisierteren Fütterungssystemen konfrontiert; das Ergebnis sei eine unkontrollierte, zu hohe Futteraufnahme vor allem der stärksten Ferkel, die sich am Trog durchsetzten, dann aber erkrankten und verendeten.[27]

So geht es weiter mit den Fallbeispielen auf pigpool.de:

Klauen- und Gelenkentzündungen, blutiger Durchfall, plötzliche Todesfälle, Aborte, seuchenhaftes Auftreten von nässenden Ekzemen, jede Menge Fruchtbarkeitsstörungen, entzündete Gesäuge und entzündete Gebärmütter, Totgeburten, Infektionen des Magen-Darm-Trakts, Lungenentzündungen, Tiere mit auffallend blasser Haut und solche mit blau-schwarzen Flecken, abgemagerte und apathische Tiere, Tiere in Atemnot, eitriger Augenausfluss, trockener Brüllhusten, angebissene Ohren und Schwanzkannibalismus, verhungerte Ferkel, schwer entzündete offene Wunden, es tauchen auch »aufgegaste« Schweine auf, die »knisternde Geräusche« von sich geben, wenn der Tierarzt auf ihre Haut drückt, schließlich verendete Tiere, die schon in Verwesung übergehen.

All das passiert nicht, weil Schweinebauern schlechte Menschen sind oder Tierquäler. All das passiert auch nicht in allen Betrieben. Die auf pigpool.de genannten Fälle sind nicht repräsentativ und doch offenbar typisch für die Vielzahl von *Produktionskrankheiten*, unter denen Schweine heute leiden.

Krank am ganzen Körper

In der wissenschaftlichen Diskussion ist unstrittig, dass die Tierhalter einen großen Einfluss auf die Tiergesundheit haben – und dass es den Tieren daher in äußerlich sehr ähnlichen Betrieben sehr unterschiedlich ergehen kann. Sie gesund zu halten, auch wenn sie zum großen Teil nur wenige Monate leben, ist alles andere als trivial. Routinemäßig werden Schweine vorbeugend gegen typische Infektionskrankheiten geimpft. Erkranken die Tiere trotzdem, werden sie mit Medikamenten behandelt. In manchen Betrieben gelingt es, den Medikamenteneinsatz sehr niedrig zu halten, andere haben hohe Arznei- und Tierarztkosten. Betriebe, die zur Ferkelproduktion Muttersauen halten, haben mit völlig anderen Problemen zu kämpfen als Mäster, die die Ferkel jung einkaufen und innerhalb weniger Monate zur Schlachtreife bringen. Aber alle eint das Ziel, möglichst viel Fleisch zu möglichst geringen Kosten in möglichst kurzer Zeit zu erzeugen. Das ist das Gesetz des Schweinemarkts. Der sorgt für Schweinefleisch in rauen Mengen und zu tiefsten Preisen, aber auch für kranke Schweine massenweise.

Viele von ihnen sind krank vom ersten Tag an, wie die Fälle auf pigpool.de zeigen, und viele sind es, wenn sie am Ende ihrer Mastzeit im jugendlichen Alter von etwa sieben bis acht Monaten mit rund 110 Kilogramm Lebendgewicht im Schlachthof enden.[28] Aus ihren Rücken, Rippen, Schenkeln, Bäuchen wird dort gesunde Ware portioniert, auch wenn ihre Körper und Organe davon zeugen, dass sie über weite Strecken ihres kurzen Lebens oder lebenslang litten. Nach einer an drei Schlachthöfen durchgeführten Untersuchung kam die Münchener Ludwig-Maximilians-Universität 2015 zu dem Befund, dass 90 Prozent der knapp 1000 begutachteten Mastschweine aus konventioneller Haltung an chronischen schmerzhaften Entzündungen ihrer Gelenke an Vorder- und Hinterläufen litten; an den entzündeten Stellen bildeten sich bis zu tennisballgroße Schleimbeutel, die wunde Haut drum herum war gerötet, manchmal blutig-eitrig. Ursache dafür, so der Münchener Veterinärprofessor Manfred Gareis, seien die Spaltenböden, auf denen die Tiere wegen der Ritzen für

Kot und Urin nie ganz sicher stehen und laufen können und mit ihrem extrem schnellen Gewichtszuwachs ihre Gelenke überfordern. Zusätzlich wurden bei mehr als einem Viertel der Tiere verletzte Fußballen entdeckt, manche abgeheilt, viele mit frischen blutigen Rissen in den Ballen und Wandhörnern. Bei Schweinen aus Bio-Betrieben, in denen Spaltenböden verboten sind, stellten die Wissenschaftler nur bei 14 Prozent der Tiere geringgradige Veränderungen fest.[29] In anderen Studien, die nicht allein auf Gelenkerkrankungen abstellten, zeigen die Ergebnisse keine Vorteile oder sogar Nachteile der ökologischen Haltungsform. So ergab eine Auswertung von gut 50 000 geschlachteten Schweinen im Jahr 2004, dass nur 19 Prozent der Tiere aus ökologischer Haltung und nur 24 Prozent aus konventionellen Betrieben ohne tiermedizinischen Befund waren, das heißt: 76 bzw. 81 Prozent der Schlachtschweine hatten Auffälligkeiten; von ihren Lebern wiesen 41 Prozent (konventionell) und 65 Prozent (öko) pathologisch-anatomische Befunde auf, von ihren Lungen konnten 59 Prozent (konventionell) und 53 Prozent (öko) nicht als (völlig) gesund bewertet werden – und das wohlgemerkt bei Tieren, die in der Regel nur wenige Monate alt werden.[30]

Bei einem Projekt der Landwirtschaftskammer Niedersachsen und des Kompetenzzentrums Ökolandbau Niedersachsen, an dem sich zwischen 2007 und 2009 zehn Bioland-Betriebe beteiligten,[31] wiesen von gut 1500 geschlachteten Bio-Mastschweinen nur etwas mehr als die Hälfte keine Veränderungen der untersuchten Organe auf, bei 47,7 Prozent fanden die Prüfer Organveränderungen. Am häufigsten stießen sie auf

Leberschäden, die durch Spulwürmer verursacht werden – sie fanden sich bei 28 Prozent der Tiere, einzelne Betriebe fielen durch extrem hohe Werte mit bis zu 70 Prozent auf. Lungenentzündungen fanden sich bei rund 13 Prozent der geschlachteten Tiere, Herzbeutelentzündungen bei 8,4 Prozent, Brust- und Bauchfellentzündungen bei jeweils knapp vier Prozent. Häufig litten auch die Bio-Schweine an mehreren Erkrankungen gleichzeitig.

Und so geht es weiter: Bei einer Untersuchung von fast 390 000 Schlachtschweinen an einem norddeutschen Schlachthof[32] wiesen 29 Prozent der Schlachtkörper pathologisch-anatomische Veränderungen auf. In der Literatur variieren die Angaben über die Häufigkeit krankhafter Lungenveränderungen zwischen 9,7 und 77,9 Prozent.[33] Auf pigpool.de berichtet der Mitarbeiter einer Landwirtschaftskammer, dass bei Untersuchungen von Schlachtschweinen 30 bis 50 Prozent der Tiere Lungenschäden infolge von Atemwegserkrankungen aufwiesen – ausgelöst durch Staub, Bakterien, Viren, Pilze und Reizgase in der Stallluft.[34]

Zusammengefasst sagen diese Zahlen: Die Art und Weise, wie Schweine heute »produziert« werden, macht sie krank. Und zwar nicht einige wenige, schwache Exemplare, sondern – je nach Erkrankung – 20, 40, 60, 90 Prozent der Schweine. Egal, ob sie konventionell oder ökologisch gehalten werden.

Das fängt schon bei der Züchtung und den einseitigen Zuchtzielen an, hat aber auch mit den großen Mengen zu tun. Wie in Fabriken, von deren Montagelinien Autos oder Fernsehgeräte rollen, werden die Marktgesetze auch im Stall am besten bei hohen Stückzahlen erfüllt. Denn erst bei großen

Herden lohnen sich teure Stallbauten, Melkkarussells oder Melkroboter, computergesteuerte Fütterungsanlagen für Milchkühe, Geflügel und Schweine. Die Rechnung geht auf Dauer auch nur auf, wenn die Tiere gleichzeitig Höchstleistungen bringen, pausenlos, jeden Tag. Wird ein Tier krank und verliert dadurch an Leistungsfähigkeit, kommt der Tierhalter sehr schnell an den Punkt, an dem er es aus betriebswirtschaftlichen Gründen wie ein schadhaftes Bauteil vorzeitig aussortieren muss, anstatt es aufwendig zu »reparieren« – zum Beispiel durch eine leistungsarme oder leistungslose Auszeit in einer eigenen Stallbucht oder durch tierärztliche Betreuung.

Die Muttersau – eine Gebär- und Säugemaschine

Das Höchstleistungsdiktat trifft als Erste die Muttersauen, sie sollen immer mehr Ferkel gebären. Eine Sau bringt heute pro Wurf 14 bis 18 Junge zur Welt,[35] pro Jahr schafft sie durchschnittlich etwa 29 Ferkel, 2004 waren es noch knapp 22. »Spitzensäue« sollen sogar bis zu 32 Junge werfen.[36] Die Kehrseite dieses züchterischen Erfolgs ist, dass die Frischgeborenen oft gefährlich wenig Gewicht mitbringen und anfällig sind für Krankheiten. Zudem übersteigt die Zahl der lebend geborenen Ferkel inzwischen oft die Zahl der Zitzen (meist sieben Paare), der Landwirt braucht dann Ammensäue oder technische Ammen als Ersatz, das sind Extraboxen mit Wärmelampen, Milch- und Wassertränke sowie Trockenfutterautomat. Auch das kostet zusätzliches Geld und verursacht Extrabetreuungsaufwand. Manchmal werden überzählige schwache Ferkel, die nur geringe Überlebenschancen erkennen lassen, auch einfach totgeschlagen.

Zum Höchstleistungsdiktat gehört außerdem, dass die Ferkel inzwischen bereits nach drei bis vier Wochen von ihrer Mutter und deren Milch abgesetzt werden. Das bedeutet Stress für das Muttertier, aber auch für die Ferkel, viele von ihnen reagieren darauf mit Fressunlust oder Durchfall, viele sterben. Systemimmanent ist deshalb seit vielen Jahren eine stabile Verlustrate bei den lebend geborenen Ferkeln von rund 15 Prozent. Sie sind eine Art branchenüblicher natürlicher Schwund oder Ausschuss in der Schweinefleischerzeugung.[37]

Durch die verkürzte Säugezeit und frühe Trennung von ihren Ferkeln kann die Sau jetzt zwar schneller neu besamt und wieder trächtig werden. Für die Rückbildung der Gebärmutter bleibt so aber weniger Zeit, die Sauen reagieren auf die Überbeanspruchung häufig mit Fruchtbarkeitsstörungen, aus der Zuchtsau wird dann ganz schnell ein Schlachttier. Es ist genau wie bei den Milchkühen: Obwohl Sauen das Optimum ihrer Fruchtbarkeit erst mit dem vierten bis siebten Wurf erreichen, scheidet etwa jede zweite schon innerhalb der ersten drei Würfe aus dem »Produktionsprozess« aus[38] – 35 Prozent wegen Fruchtbarkeitsproblemen, 15 Prozent wegen anderer Erkrankungen.[39] Und wie bei der Milchproduktion treffen sich auch bei der Schweinefleischerzeugung Halter und Tier als Opfer desselben Systems: die Sauen, weil sie als Ferkelproduzentinnen wertlos werden; die Bauern, weil sie Sauen weggeben müssen, mit denen sie noch kein Geld verdient haben. Eine Sau muss mindestens drei bis vier Würfe leisten, um die Kosten ihrer Aufzucht zu erwirtschaften, jedes wegen Unfruchtbarkeit oder Krankheit zu früh aussortierte Tier ist für den Bauern ein Minusgeschäft.[40]

Doch selbst bei relativ guter Gesundheit ist es für die Sau in jedem Fall ein Minusgeschäft, ein Minusleben. Dieses Minusleben verdichtet sich vor allem in den Wochen vor und nach der Geburt ihrer Ferkel zu einem Bild, das man nicht mehr vergisst, wenn man es ein Mal gesehen hat: mächtige hochträchtige Muttertiere, etwa 200 Kilogramm schwer, auf Gummimatten liegend oder stehend, eingesperrt in ein eisernes Gatter, das kaum größer ist als das Tier selbst: 65 bis 70 Zentimeter breit, 200 Zentimeter lang. Daneben der nächste Kastenstand, 70 auf 200 Zentimeter. Und der nächste. Und noch einer. Manchmal sind es Dutzende, manchmal Hunderte von Kastenständen in einem Sauenstall. Spätestens eine Woche vor dem errechneten Geburtstermin wird die Sau in dieses Gatter gesperrt. Nach der Geburt bleibt sie während der drei- bis vierwöchigen Säugeperiode weiter im Kastenstand »fixiert«, damit sie die Ferkel nicht aus Versehen erdrückt; anschließend wird sie schnellstmöglich erneut besamt – meistens künstlich – und muss weitere vier Wochen im Kastenstand verharren. Nach der Tierschutz-Nutztierhaltungsverordnung dürfen Sauen mehrmals pro Jahr für rund 2,5 Monate pausenlos in diesen Kastenständen gehalten werden. In diesen je neun Wochen haben die Sauen nicht mehr Bewegungsmöglichkeiten, als sich hinzulegen und wieder aufzustehen. Sie können einen halben oder ganzen Schritt nach vorne zum Futtertrog machen und einen oder einen halben Schritt zurück. Sie können sich nicht drehen, sie können ihre Ferkel nur beschnuppern, wenn die unter den Eisenstangen hindurch

Kontakt zum Kopf ihrer Mutter suchen. Teilnahmslos vegetieren die Sauen in ihren Boxen, beißen auf die Eisenstangen. Praktisch bewegungslos gehalten, erkranken sie häufig, nicht zuletzt am sogenannten Mastitis-Metritis-Agalaktie-Komplex, einer äußerst schmerzhaften gleichzeitigen Entzündung von Gesäuge und Gebärmutter.[41]

Der Kastenstand ist die vollständige Reduzierung der Zuchtsau auf ihre betriebswirtschaftliche Funktion: ein gewaltiger länglicher Körper, rosa und schwer atmend, der kein eigenes Recht mehr zu haben scheint, der nur noch den Zweck des Ferkelausstoßes erfüllen soll, so viele wie möglich, auch wenn es mehr sind, als die Sau Zitzen am Bauch hat. Bereits die Beine der Sau erscheinen, wenn sie sich zum Säugen auf die Gummimatte gelegt und ihre Gliedmaßen von sich gestreckt hat, als etwas Überflüssiges, als Körperteile, die es zur Ferkelproduktion nicht unbedingt braucht.

So muss sich das Adrianus Straathof gedacht haben, einer der größten Schweinehalter Europas und der größte Deutschlands, in dessen Ställen vor allem in Ostdeutschland mehr als eine Million Schweine aufgezogen werden.[42] Wegen der Missstände in seinen Betrieben ist der Niederländer immer wieder in den Schlagzeilen, 2014 sprachen Behörden ein deutschlandweites Tierhalteverbot gegen ihn aus – ein einmaliger Vorgang in der Bundesrepublik.[43] Einmalig auch ein aufsehenerregendes Urteil Ende 2015 gegen einen Betrieb der Straathof-Unternehmensgruppe: Das Oberverwaltungsgericht Magdeburg entschied, dass in einem Kastenstand gehaltene Sauen die Möglichkeit haben müssen, jederzeit ungehindert aufstehen, sich hinlegen und Kopf und Gliedmaßen ausstrecken zu können; Straathofs Kastenstände dagegen waren so eng, dass die Tiere beim Liegen mit ihren Beinen gegen die Sauen im benachbarten Kastenstand oder gegen Eisenstangen stießen, was Tierärzte immer wieder moniert hatten.[44] Ohne Erfolg. Dem Tierhalter war das Minusleben seiner Zuchtsäue ganz offenbar gleichgültig.

Und nicht nur der Platz ist ein knappes Gut in der Schweineproduktion, auch die Zeit. Die Leistungsanforderung an jedes Ferkel auf seinem kurzen Weg zum Schlachtschwein wird immer abstruser. Vor drei Jahrzehnten legten die Tiere *pro Tag* noch etwa 600 Gramm zu, inzwischen sind sie bei 800 bis 900 Gramm angekommen, einzelne »Höchstleister« im Maststall erreichen schon die Ein-Kilo-Marke *pro Tag* – das ist fast so viel, wie das wesentlich größere Mastrind »leistet«.[45] Gleichzeitig versucht jeder Mäster, den Tieren ihre Höchstleistung mit immer weiter optimiertem Futter abzuringen. Um ein Kilo Schweinefleisch zu erzeugen, musste der Mäster vor 40 Jahren noch rund 3,5 Kilo Futter geben, heute sind es weniger als drei Kilo einer ausgetüftelten Ration, die ein Maximum an Energie und Eiweiß aus meistens importierter Soja sowie Mineralien, Spurenelementen und Vitaminen enthält.[46]

Wer es nicht schafft, wird vom System hinweggefegt, weil er zu teuer produziert.

Der Ringelschwanz und die Systemfrage

Stefan Gruß, Mitte vierzig, graue Haare, dunkles Brillengestell, ist ein Mäster, der stolz ist auf seinen Beruf. Auf dem

First seiner Garage im hessischen Niederklein hat er eine Schweinsfigur montiert. Im silbernen Mercedes-Geländewagen fährt er jeden Tag hinaus zu seinen Mastställen, die am Ortsrand der Gemeinde Schweinsberg liegen. Er hat den Betrieb vom Vater übernommen und kräftig investiert, »komplett mit Fremdkapital«, wie er erzählt. Damals waren – wieder einmal – die Preise für Schweinefleisch im Keller, manche Kollegen wetteten schon darauf, dass Gruß nicht durchhalten würde. Zwischen 2007 und 2013 sank die Zahl der schweinehaltenden Betriebe allein in Hessen von 8300 auf 5400, ein Rückgang um rund 35 Prozent innerhalb weniger Jahre.[47] Doch Stefan Gruß hat durchgehalten. In seinen erweiterten Ställen, gegen die es Dutzende von Einsprüchen gab, hat er jetzt Platz für 3000 Mastschweine, bei drei Durchläufen im Jahr produziert er etwa 9000 Schlachttiere. Die Ferkel kommen im Lkw, etwa vier Monate später gehen sie, rund 120 Kilogramm schwer, wieder im Lkw zur »Operation«, wie Bauer Gruß das nennt. Rein-Raus-Verfahren heißt das in der Fachsprache: Die Tiere kommen in möglichst homogenen Alters- und Gewichtsklassen, werden computergesteuert je nach Alter und Gewicht mit unterschiedlichen Rezepturen gefüttert und verlassen den Stall auch in möglichst homogenen Gewichtsklassen wieder, sie sind ein standardisiertes Produkt, optimiert für die industrielle Weiterverarbeitung. Dann werden die Ställe desinfiziert und neue Jungferkel eingestallt. »Ich bin zufrieden«, sagt Gruß. Sein Betrieb ist groß genug, um seine Familie, einen Angestellten und einen Lehrling zu ernähren und die Kredite für die Ställe und den modernen Maschinenpark zu bedienen. Stefan Gruß kann sogar – zu früheren Zeiten undenkbar – mit der Familie in den Skiurlaub fahren oder auch mal krank sein.

Landwirt Gruß ist ein kommunikativer Mann, er ist im Vorstand des örtlichen Kreisbauernverbandes und will, dass die Landwirte endlich aus der Ecke kommen, in die sie gedrängt würden; sie sollen deshalb ihre Ställe öffnen, mit den Kunden und Medien reden und ihnen zeigen, was dort wirklich passiert. Er selbst hat als Zeichen der Transparenz eine Webcam installiert, die das Geschehen in einem Teil seines Schweinestalls aufzeichnet. Genau dort steht er jetzt im blauen Overall und führt mit seinem Tierarzt Jürgen Hammer eine Diskussion, die so in vielen Schweineställen zwischen Landwirt und Veterinär geführt werden dürfte.

Der Tierarzt lobt den Landwirt. Gruß sei ein engagierter Bauer, kümmere sich täglich ausgiebig um die Tiere, »du steckst hier viel Arbeit rein«, sagt Tierarzt Hammer anerkennend. Gruß hat viel getüftelt an seiner Lüftungsanlage, in vielen Betrieben ist das ein neuralgischer Punkt, weil Schweine sehr empfindlich auf Temperaturwechsel und Zugluft im Stall reagieren. »Hustenproblem gibt's hier keines«, versichert der Tierarzt, auch Durchfall gebe es nur selten. Als Spielmaterial für die neugierigen Schweine lässt Mäster Gruß Ketten von den Decken in die Schweinebuchten hängen, und er befestigt mit Stroh gefüllte Eimer an den Buchtenwänden, aus denen die Tiere einzelne Halme ziehen können. »Gruß macht mehr als manch anderer«, sagt der Veterinär. Allerdings ist da das Problem mit dem Schwanzbeißen, über das Bauer Gruß ganz offen redet. Er bekennt: »Ich habe große Schwierigkeiten, das in den Griff zu bekommen.«

Für den Laien mag Schwanzbeißen relativ harmlos klingen, nach spielerischem Zwicken. Tatsächlich fressen sich die Tiere gegenseitig an ihren Schwänzen und auch Ohren an, bis sie bluten, anschwellen, offen sind für Krankheitserreger, die bis ins Rückenmark gelangen können;[48] im schlimmsten Fall kann die offene Wunde die Beißer in einen Blutrausch versetzen, dann können sich die Schweine auch töten und auffressen. Bei Wildschweinen ist Schwanzbeißen nicht bekannt, bei Ferkeln und Mastschweinen dafür umso mehr. Tatsächlich gibt es nur wenige Betriebe – und das gilt für Öko-Ställe wie für konventionelle –, in denen das Schwanzbeißen nicht schon aufgetreten wäre, mal kürzer, mal länger, in manchen Betrieben ist es ein ständiger Begleiter. Thomas Blaha, langjähriger Professor an der Tierärztlichen Hochschule in Hannover, spricht von abgebissenen Schwänzen bei 50 bis 80 Prozent der Schweine.[49]

Schweine sind intelligente, neugierige, bewegungsaktive Tiere, sie rennen gern, galoppieren sogar kurzzeitig, sie wollen vor allem wühlen und sich suhlen, Reviere abgrenzen und Rangordnungen bilden. In den Ferkelaufzucht- und Mastställen nach heutigen Standards haben sie zu all dem keine oder kaum eine Gelegenheit. Ihr Lebensraum ist so, wie der Mäster ihn braucht, um unter den herrschenden Marktbedingungen wirtschaftlich überleben zu können, nicht so, wie es den Schweinen angemessen wäre.

Je nach Gewicht beträgt das gesetzlich vorgeschriebene Platzangebot zwischen 0,15 Quadratmeter (unter zehn Kilogramm) und einem Quadratmeter (über 110 Kilogramm);[50] meist stehen die Tiere auf Betonspaltenböden, an deren scharfen Graten sie sich ihre Klauen aufreißen können; unter den Böden sammeln sich ihr Kot und Urin, deren Gestank und aufsteigendes Ammoniak Tag und Nacht in ihre empfindlichen Nasen dringen und die Schleimhäute reizen – Schweine haben etwa tausendmal so viele Riechzellen im Rüssel wie der Mensch und sogar mehr als Hunde.

Kein Wunder also, dass sie in den einerseits extrem reizarmen, beim Geruch aber qualvoll reizüberfluteten Ställen Verhaltensstörungen zeigen: Sie »trauern«, wie man die typische Sitzhaltung mit gesenktem Kopf nennt, sie beißen auf Metallstangen herum. Oder eben an den Ohren und Ringelschwänzen ihrer Artgenossen. Und wenn ein Schwein damit begonnen hat, beißen die anderen oft mit.[51] Damit das nicht passiert, schneiden Ferkelerzeuger in deutschen Ställen regelmäßig mit einer Art heißem Messer, »Thermokauter« genannt, das letzte Drittel der Ferkelschwänze ab. Im verbleibenden Stummel reichen die Nerven dann bis ans Schwanzende, das Tier spürt das Anknabbern durch den Artgenossen sofort und kann sich wehren. So zumindest die Theorie. In der Stallpraxis beknabbern sich auch Schweine mit kupierten Schwänzen gegenseitig.

Im übertragenen Sinn rührt die Ringelschwanzfrage an eine der empfindlichsten Stellen der gesamten Schweinebranche. In Fachkreisen seit den 1970er Jahren bekannt, wurde diese Stelle bislang kaum in der breiten Öffentlichkeit thematisiert, doch das ändert sich gerade. Jahrelang konnten die Mäster das Kupierverbot, wie es seit Jahrzehnten durch europäisches[52] und deutsches Tierschutzrecht vorgegeben ist, einfach umgehen; der Branche gelang das, indem sie die im

Einzelfall erlaubten *Ausnahmen* vom Kupierverbot zur faktischen *Regel* machte:[53] Das betäubungslose Schwanzkupieren wurde zur massenhaften Routine in den Ferkelställen. Inzwischen hat sich das Klima jedoch verändert, die Akzeptanz der Verbraucher fürs Kupieren schwindet. Niedersachen zum Beispiel zahlt Landwirten seit Mitte 2015 eine Prämie für jeden nicht abgeschnittenen Ringelschwanz.[54] Doch damit ist das Problem längst nicht gelöst, es wird nur sichtbarer. Denn rührt der Ferkelhalter das heiße Messer nicht mehr an und lässt das Ringelschwänzchen dran, ist die Wahrscheinlichkeit hoch, dass es später von Artgenossen angefressen wird. Der Streit um den Ringelschwanz stellt das System bloß: So wie es ist, kann es keine Lösung im Sinne der Schweine anbieten.

Veterinär-Professor Thomas Blaha ist für den Ausstieg aus dem routinemäßigen Beschneiden, er sagt: »Kupieren ist kein Tierschutz.« Aber er warnt zugleich: »Es gibt keinen für alle Betriebe allgemeingültigen Lösungsweg. Die vielfältigen Ursachen von Schwanzbeißen sind nur durch gezielte einzelbetriebliche Analysen erkennbar«. Dort, wo nicht mehr kupiert werde, müssten »optimale Lebensbedingungen geschaffen werden.«[55] Nur: Wo gibt es die? Blaha[56] ist überzeugt, dass die Ursache für das Schwanzbeißen nicht fehlende Spielzeuge sind, sondern fehlende Angebote »für das Ausleben ›schweinischer‹ Wünsche«. Spielzeug sei nichts, was Schweine wirklich interessiere, umso mehr die Möglichkeit, nach Futter zu suchen und zu wühlen. Denn »70 Prozent der Wachzeit von Wildscheinen ist beharrliche Nahrungsbeschaffung«[57] – also etwas, das den Ferkeln und Mastschweinen systematisch vorenthalten wird. In den meisten Ställen können sie nur in ihren eigenen Kotresten wühlen, die nicht durch die Bodenschlitze der Betonspalten gefallen sind. Blaha argumentiert, dass den Landwirten durch die Technisierung und Automatisierung in den Ställen die Tierbeobachtung »abtrainiert« worden sei. Doch genau die zeitaufwendige Tierbeobachtung wäre die Voraussetzung dafür, auch Schweine mit vollständigen Schwänzen zu halten und Beißer und Opfer im Notfall schnell zu trennen.

Eine ganz andere Theorie verfolgen Wissenschaftler um Professor Gerald Reiner, den Leiter der Klinik für Schweine an der Universität Gießen.[58] Sie gehen der Frage nach, ob mangelhafte Durchblutung der Schwanzspitzen allmählich zu deren Absterben führt. »Unser Grundproblem ist nicht der Kannibalismus, sondern wir müssen von einem Entzündungs- und Nekrosesyndrom beim Schwein reden«, so Gerald Reiner.[59]

Die Ursache für den weitverbreiteten Kannibalismus läge demnach weniger im langweiligen Alltag der Schweine, wie Professor Blaha es annimmt, als vielmehr in einer einseitigen, auf rasantes Muskelfleischwachstum ausgerichteten Zucht und Haltung begründet. Laut Professor Reiner ist »sowohl die Haltung im Hinblick auf tiergerechtere Bedingungen zur Thermoregulation als auch eine stoffwechsel-, darm- und verhaltensgerechte Fütterung gefordert«. Schließlich seien »auch die Leistungsziele zu hinterfragen, um züchterisch bedingte Nebenwirkungen zu reduzieren«.[60]

Absterbendes Gewebe an Schwanzspitzen, Ohrrändern, Gesäugezitzen und Klauen wären demnach Anzeichen für die Überforderung des Hochleistungsschweine-Organismus, der vor lauter Muskelwachstum nicht genug Blut in die Körperextremitäten zu pumpen vermag.

Wie komplex das Thema ist, muss Schweinemäster Stefan Gruß im hessischen Schweinsberg erfahren. Die Ferkel, die er beim Ferkelerzeuger einkauft, sind zwar alle kupiert, beißen sich aber trotzdem immer wieder auch in die kupierten Schwänze. Bauer Gruß hat schon alles Mögliche probiert, um das Schwanzbeißen einzudämmen. Er hat die Futtersorten und -mischungen variiert, er hat weniger Tiere in die Stallabteile gestellt, er hat Ketten und Stroheimer als Spielmaterial angebracht. Aber das Schwanzbeißen, das für den größten Teil seiner Medikamentengaben verantwortlich ist, wurde nicht weniger. Sein letzter Pfeil im Köcher: das Tränkwasser. Es könnte sein, vermutet Stefan Gruß, dass sich in den Leitungen ein Belag gebildet habe, aus dem sich Substanzen lösen, die seine Tiere nicht vertragen. Besonders die hauchfeinen Blutgefäße in Schwanzende und Ohrrändern reagieren empfindlich, schwellen an und platzen auf. Offenbar juckt es auch: »Sie lassen sich beißen, weil es zunächst angenehm ist, aber dann beginnt es zu bluten, und dann geht's erst richtig los«, sagt Gruß. Einige Zeit später berichtet er über erste Erfolge. Das Wasser werde nun aufbereitet und die Leitungen würden regelmäßig gereinigt. Inzwischen seien die Schwanzbeißereien fast vollständig zurückgegangen. Hoffentlich bleibt es so.

Wissenschaftliche Studien, die den Schwanzkannibalismus seit vielen Jahren untersuchen, identifizieren verschiedene Einflussfaktoren vom Stallklima und dem Gesundheitszustand der Tiere übers Futter bis zur Zahl der Tiere pro Stalleinheit und zur Genetik der stressanfälligen Hochleistungsrassen; mal findet man einen Zusammenhang zu Atemwegserkrankungen, die es in den Ställen sehr häufig gibt, mal werden bestimmte Parasiten als Auslöser angesehen, mal soll es der Mangel an Beschäftigungsmaterial sein. Und zu fast jedem der plausibel erscheinenden Einflussfaktoren gibt es auch Untersuchungen, die keine Auswirkungen dokumentieren.[61]

Auch der Tierarzt von Schweinemäster Gruß hat große Bedenken. »Wenn das Schwanzkürzen einfach rigoros verboten wird, würde das in vielen Betrieben garantiert schiefgehen, das gäbe tierschutzrelevante Probleme«,[62] sagt Jürgen Hammer. Der Praktiker glaubt, dass der Schwanzkannibalismus ein Zeichen dafür ist, dass den Tieren zu viel Leistung abverlangt wird, bei der Zahl der Ferkel sei die Grenze bereits überschritten: »Wenn eine Sau im Jahr 40 Ferkel lebend zur Welt bringt, von denen im einen Betrieb acht sterben, beim anderen 16, dann stimmt etwas nicht mehr.« Auch bei den Gewichtszunahmen hat er Zweifel: »Vor 20 Jahren war man bei 650 Gramm pro Tag«, sagt er zu Bauer Gruß, »du bist jetzt bei 850, 870 Gramm angekommen.«

Stefan Gruß erwidert: »Wir haben nun mal diesen Strukturwandel, und die Betriebe, die ihren Job ordentlich machen, haben eben hohe Leistungen. Meine Tiere würden ihre Leistung nicht bringen, wenn es ihnen nicht gutginge.«

Sein Tierarzt widerspricht: »Bei den Kühen stimmt es so jedenfalls nicht: Die können noch so krank sein und geben trotzdem immer weiter Milch. Bei Schweinen ist es nicht so extrem, aber die Hochleistungsrassen leisten auch trotz gesundheitlicher Probleme noch sehr viel. Du betreibst hier einen Riesenaufwand und hast eine ordentliche Tiergesundheit, aber es gibt nicht nur die 25 Prozent der besten Betriebe, auch der Rest hält Tiere. Und viele von denen kommen mit der Hochleistungsgenetik, die die Stabilität vieler Tiere reduziert, einfach nicht mehr klar. Und dann bekommen sie massive Probleme mit der Tiergesundheit.«

»Wenn Sauen plötzlich verenden« – so lautete vor einigen Jahren die Überschrift über einem Bericht in der Fachzeitschrift *Schweinezucht und Schweinemast*.[63] Der Artikel begann so: »Wenn zu viele Sauen wegen einer schlechten Behandlungsprognose getötet werden müssen oder nach längerer Behandlung doch noch verenden, liegen die Nerven des Betriebsleiters oft blank. Noch schlimmer wird es, wenn sich unerwartete – und damit meist ungeklärte – Todesfälle häufen (...) Die wirtschaftliche Bedeutung dieser Verluste ist enorm.« Der Bericht erzählt von einer Untersuchung in einer US-amerikanischen Anlage mit 5200 Sauen, in der die Sauensterblichkeit von drei auf 14 Prozent gestiegen war, in manchen Monaten lag sie sogar bei 17 Prozent. Die dafür angeführten Befunde waren die typischen *Produktionskrankheiten*, wie sie auch jeder deutsche Sauenhalter kennt: Gelenkentzündungen, Magen-Darm-Erkrankungen und Magengeschwüre, Gebärmutter- und Mastdarmvorfälle, Harnwegserkrankungen, Atemwegserkrankungen, Kreislaufkollaps. Illustriert wird der Bericht mit Fotos eines Magengeschwürs und einer blutig entzündeten Klaue.

Am Ende des Artikels allerdings erscheint das Bild eines wunderschönen Ferkels, schweinchenrosa, wie es sich gehört, kein noch so winziger Schmutzfleck stört seine Erscheinung, ein waches Auge, Wimpern, gespitzte Ohren, das junge Tier hat seine Stupsschnauze zwischen seine Vorderbeine gelegt, entspannt und gleichzeitig neugierig liegt es in einer rosaroten Umgebung, nicht auf einem Spaltenboden. Das selten schöne Schweinchen gehört zu einer Anzeige von Bayer-Tiergesundheit, im begleitenden Text steht: »Wussten Sie, dass in mehr als 75 Prozent aller deutschen Ferkelbetriebe ein Kokzidiosebefall vorliegt?« Kokzidien sind Parasiten, die den Magen-Darm-Trakt befallen, Symptome sind unter anderem schwere Darmentzündungen.[64] In der Anzeige heißt es: »Die Folge sind schlechte Absetzgewichte, eine höhere Anfälligkeit für Folgeinfektionen, unausgeglichene Ferkel und ein therapieresistenter Durchfall in der 2. bis 3. Lebenswoche.« Und weiter: »Fragen Sie Ihren Tierarzt, wie Sie erfolgreich die Kokzidiose bekämpfen können und einen Renditezuwachs von bis zu einem Euro pro Ferkel erzielen können.« Daneben steht ein Kasten mit dicken schwarzen Rändern wie eine Todesanzeige, im Viereck steht: »Kokzidiose gefährdet Ihre Rendite.«

Das 35-Tage-Masthuhn

Welch klarer, schöner, würdevoller Satz: »Niemand darf einem Tier ohne vernünftigen Grund Schmerzen, Leiden oder Schäden zufügen.« So lautet der erste Paragraph des deutschen Tierschutzgesetzes, er ist eine Art Präambel dafür, wie wir mit Tieren umgehen wollen, und er beginnt ganz ähnlich wie das Grundgesetz mit einer feierlichen Erklärung: »Zweck dieses Gesetzes ist es, aus der Verantwortung des Menschen für das Tier als Mitgeschöpf dessen Leben und Wohlbefinden zu schützen.«[65] Radikale Tierschützer schließen daraus, dass wir überhaupt keine Tiere essen dürfen. Teilt man diese Position nicht, folgert aus dem Tierschutzgesetz aber wenigstens, dass wir Tiere, wenn wir sie schon essen, zumindest verantwortungsvoll halten und auch verantwortungsvoll töten sollen.

Dieser Gedanke scheint jedenfalls in der Mitte der Gesellschaft angekommen zu sein, wenn man als Maßstab ein Bundesligaspiel zwischen dem SV Werder Bremen und dem Hamburger Sportverein Ende 2015 heranzieht. Beim Nordderby liefen die Werderaner Spieler mit dem großen hellblauen Schriftzug »Für mehr Tierschutz« des Deutschen Tierschutzbundes auf ihren Trikots ins Weserstadion ein, wo zusätzlich auf den Banden am Spielfeldrand »Für mehr Tierschutz« geworben wurde.[66] Das Wohl und der Schutz der Tiere – an diesem Fußballnachmittag waren sie so präsent wie in anderen Arenen Audi, adidas oder Coca-Cola.

Das Bindeglied dieser ungewöhnlichen Allianz zwischen Bundesliga-Fußballern und einer Tierschutzorganisation ist die zur PHW-Gruppe gehörende Firma Wiesenhof, Deutschlands größter Geflügelvermarkter. Vermarkter bedeutet in dem Fall: Wiesenhof betreibt eigene Ställe nur für die sogenannten Elterntiere, deren befruchtete Eier ausgebrütet werden; die daraus schlüpfenden Küken werden aber nicht von Wiesenhof selber, sondern von rund 1000 Landwirten in ganz Deutschland, sogenannten Vertragsmästern, großgezogen, bis sie wiederum in Wiesenhof-Schlachthöfen getötet, zerlegt und verarbeitet werden. So stammt etwa jedes dritte hierzulande geschlachtete Hähnchen von Wiesenhof,[67] und nimmt man auch das Fleisch und die Wurst von Puten und Enten dazu, verkaufte das Unternehmen 2015 annähernd 560 000 Tonnen[68] – eine unfassbare Menge, die radikale Vegetarier vielleicht schon zu der Rechnung veranlasst hat, wie oft sich das Weserstadion mit 560 000 Tonnen Geflügelfleisch und -wurst füllen ließe. Wo auf der Brust der Fußballer an diesem einen Fußballnachmittag das »Für mehr Tierschutz«-Label des Deutschen Tierschutzbundes prangte, befindet sich seit einigen Jahren bei jedem anderen Spiel das Wiesenhof-Logo mit dem Firmennamen und dem stilisierten Fachwerk-Bauernhof. Wiesenhof ist Werders Haupt- und Trikotsponsor, und zur Partnerschaft gehört nicht nur, dass die Hähnchen im Grillwagen vor dem Stadion von Wiesenhof sind, sondern auch, dass der Cheftrainer in Overall und mit Plastiktüten über den Schuhen einen Maststall besichtigt oder dass sich der Mannschaftskapitän vor einen Stall stellt und bekennt, dass er einen »sehr guten Eindruck« habe von Wiesenhof.[69, 70]

Tierrechtsorganisationen wie PETA oder SOKO-Tierschutz sehen das radikal anders. Seit Jahren füttern sie die Medien immer wieder mit heimlich aufgenommenen Videofilmen und prangern die Zustände in Mästereien an, die an Wiesenhof oder an andere, öffentlich kaum bekannte Vermarkter liefern. PETA betreibt sogar eine Website mit Namen www.wiesentod.de, die mit einem Logo operiert, das dem von Wiesenhof täuschend ähnlich sieht – mit dem feinen Unterschied, dass aus dem idyllischen Fachwerk-Bauernhof ein unheimlicher Fabrikklotz mit zwei Schornsteinen geworden ist. Man sieht auf dieser Website Filme, in denen Stallpersonal das Geflügel beim Verladen in die gewünschte Richtung kickt wie Fußballer einen Ball, in denen Mitarbeiter Tiere mit Wucht in

Plastikboxen schleudern oder gewaltsam hineinquetschen, man sieht dort tote Tiere und offensichtlich elende, schwer leidende, sterbende Tiere. Man sieht in diesen Filmen, wie es wohl in vielen deutschen Masthuhnställen zugeht, ohne dass eine Kamera es festgehalten hat.[71]

Man muss sich das Verhältnis zwischen dem Lebensmittelgiganten PHW (Umsatz allein mit Wiesenhof-Geflügel rund 1,5 Milliarden Euro im Jahr),[72] dem Fußballverein und dem Deutschen Tierschutzbund als eine Gratwanderung vorstellen: Der Fußballverein will das Geld des Sponsors, aber auf keinen Fall dessen Skandale; der Geflügelgigant will die Öffentlichkeit der Stadien und Fernsehbilder, um dort eine andere Geschichte zu erzählen als jene, die PETA oder SOKO-Tierschutz erzählen; der Deutsche Tierschutzbund wiederum, der zahlreiche Veganer und Vegetarier in seinen Reihen hat, will in erster Linie Tiere schützen und deshalb alles andere als zum Fleischverzehr aufrufen – er sieht aber die Chance, zumindest einige Fleischesser zu einem Fleischkonsum zu bewegen, der dem eingangs erwähnten Tierschutzgesetz wenigstens halbwegs Rechnung trägt.

Die Plattform Fußball sei »ideal dafür, Menschen die Tierhaltung mit ihren Vor- und Nachteilen näherzubringen und Alternativen wie das »Privathof«-Konzept nach vorne zu bringen«, hat Wiesenhof-Chef Peter Wesjohann einmal gesagt.[73] Privathof ist denn auch der eigentliche Grund, warum sich der Tierschutzbund überhaupt auf die Gratwanderung mit den skandalträchtigen Hühnerschlachtern eingelassen hat: Die Privathof-Betriebe sind Wiesenhofs Vorzeigeställe, in denen nachweislich höhere, sprich tiergerechtere Standards gelten.

Die Hühnchen, die dort gemästet werden, gehören Rassen an, die etwas langsamer wachsen, bis zu ihrem Zielgewicht haben sie rund 42 Tage Zeit (sonst nur 30 bis 34 Tage),[74] und sie dürfen höchstens 45 Gramm täglich an Gewicht zulegen; sie haben auch etwas mehr Platz: Maximal 15 Tiere statt wie sonst üblich 23 Tiere[75] teilen sich einen Quadratmeter Stallfläche, auf der es außerdem Strohballen, Picksteine und Sitzstangen gibt; die Tiere leben in Offenställen oder Ställen mit Wintergärten mit Tageslicht und einem natürlichen Tag-und-Nacht-Rhythmus.[76]

15 Tiere pro Quadratmeter, Sitzstangen und Tageslicht – das klingt nach Haltungsbedingungen, die man allen Masthühnern als Mindeststandard wünscht. Im Geschäft der Mäster freilich sind sie so außergewöhnlich, dass Privathof damit schon als »Premiummarke« gilt, die vom Deutschen Tierschutzbund bereits das blaue »Für mehr Tierschutz«-Label der Einstiegsstufe erhält (in der Premiumstufe kommen weitere Verbesserungen hinzu wie Außenklimabereiche oder Auslaufmöglichkeiten).

»Das Label gibt dem Konsumenten die Gewissheit, dass die Tiere unter besonders guten und vom Deutschen Tierschutzbund kontrollierten Bedingungen aufwachsen«, sagt Wiesenhof-Chef Peter Wesjohann. Das Unternehmen betont, dass die Privathof-Landwirte »zu weit über 95 Prozent ohne eine einzige Behandlung mit Antibiotika auskommen«[77] und seit 2011 kein einziges Mal Reserveantibiotika eingesetzt hätten.[78] Hingewiesen wird auch auf eine Studie des Lehrstuhls für Tierschutz an der Ludwig-Maximilians-Universität in München, die zeigte, dass die Hühnchen in Privathof-Ställen durch das größere Platzangebot und die Beschäftigungsmöglichkeiten

»deutlich mobiler und agiler sind« als Tiere in den sonst üblichen Ställen, dass sie die Picksteine und Strohballen »intensiv annehmen« und dass »Verbesserungen in der Gesundheit und dem arttypischen Verhalten« festgestellt wurden[79] – die Tiere haben weniger Verletzungen an den Füßen und sind weniger anfällig für Krankheiten.[80]

Die bessere Zukunft für alle Hühner: in unendlicher Ferne

Die alles entscheidende Frage ist jedoch, warum Wiesenhof diese Bedingungen, von denen die Tiere ganz offensichtlich und nachweislich profitieren, nur etwa 3 bis 5 Prozent[81] seiner Masthähnchen zugesteht, den anderen 95 Prozent aber vorenthält: Ist Privathof am Ende nur eine Marketingmaßnahme mit dem Ziel, die kleine Nische mit dem besseren Image möge auf die konventionelle Geflügelproduktion im großen Rest bei Wiesenhof abstrahlen? »Allein durch Privathof wurden schon 15 Millionen Hühner unter besseren Bedingungen aufgezogen«, lobt der Präsident des Deutschen Tierschutzbundes, Thomas Schröder.[82] Aber was sind schon 15 Millionen Privathof-Hühnchen seit der Einführung des Konzepts 2011[83] gegen die in Deutschland – jährlich – geschlachteten rund 630 Millionen Hühner?[84] Nicht einmal ein halbes Prozent.

Immerhin, Wiesenhof baut sein Privathof-Konzept seit Jahren aus und will es weiter ausbauen. Derzeit arbeiten von den rund 1000 Wiesenhof-Vertragsmästern[85] aber nur etwa 50[86] nach den höheren Privathof-Standards. Wiesenhof-Chef Wesjohann bezeichnet das Privathof-Konzept als »Zukunftsmodell«: Sein Unternehmen sei »grundsätzlich in der Lage, perspektivisch nahezu alle unsere Landwirte von der konventionellen Haltung auf Privathof-Geflügel umzustellen.« Das klingt bemerkenswert, doch Peter Wesjohann versieht seine Aussage mit einem großen Aber: »Das setzt voraus, dass Verbraucher und Handel sich diese neue Form der Tierhaltung in Deutschland wünschen und bereit sind, das Mehr an Tierschutz auch finanziell zu honorieren. Dann werden wir diesen Weg mit ihnen gehen.«[87]

Alles spricht deshalb dafür, dass Privathof eben gerade kein »Zukunftsmodell« sein kann, sondern eine irrelevante Nische bleiben wird, jedenfalls solange Wiesenhof selbst und seine Konkurrenten gleichzeitig Hähnchen zu einem rund 40 Prozent niedrigeren Preis, zerlegte Ware sogar bis zu 70 Prozent billiger anbieten.[88] Peter Wesjohann ist Unternehmer, er weiß, dass seine Aussage, alle Wiesenhof-Mäster könnten auf die besseren Privathof-Standards umstellen, wenn die Käufer den Mehrpreis bezahlten, ein bedeutungsloses Wenn-dann-Statement ist: Wenn alle Autofahrer Elektroautos kauften, dann wäre die Luft in den Ballungszentren sauberer und die Lärmbelästigung geringer; wenn sich alle Geflügelfleischesser im Laden für Privathof-Produkte entschieden, würde es den Masthühnern in ihrer kurzen Lebenszeit bessergehen.

Solange aber in den Supermärkten Geflügel mit Preisunterschieden von 40 und mehr Prozent in derselben Kühltruhe nebeneinanderliegen, wird die große Mehrheit der Tiere weiterhin nach den niedrigeren Haltungsbedingungen gemästet werden.

Peter Wesjohann, der bedeutendste und bekannteste Akteur in der deutschen Geflügelwirtschaft, weiß das. Er weiß auch, dass er und sein Unternehmen dem Vorwurf ausgesetzt sind, Privathof sei nur ein Marketinggag, der die traurige Gegenwart der allermeisten Masthühnchen nur übertünchen solle.

Wesjohann spielt den Ball deshalb dem Gesetzgeber zu: »Wenn sich der Gesetzgeber entscheidet, die Standards in der konventionellen Nutztierhaltung generell und deutlich zu erhöhen, müssen diese neuen Anforderungen mindestens auf EU-Ebene gesetzlich verankert sein«, sagt er und verlangt, dass »die gesetzlichen Rahmenbedingungen für alle EU-Hersteller gleich und der Wettbewerb zukünftig zumindest unter den EU-Herstellern nicht verzerrt« sein dürfte. Auch müsse die EU sicherstellen, dass ihre eigenen Standards nicht durch Billigimporte aus Drittstaaten, die mit niedrigeren Standards produzieren, untergraben werden.

Die Privathof-Nische ist kein »Zukunftsmodell«, zumindest so lange nicht, wie es keine allgemeine Regel gibt, die diese Art der Masthuhn-Haltung – oder eine noch tierfreundlichere – zum Pflichtstandard macht, für den die Mäster auch entsprechend bezahlt werden.

Gezüchtete Krüppel

In der Gegenwart, an der sich unter den herrschenden Marktbedingungen ohne verbesserte gesetzliche Regeln nichts ändern wird, werden in der Europäischen Union Jahr für Jahr unvorstellbare fünf Milliarden Masthühner geschlachtet, davon die bereits erwähnten etwa 630 Millionen in Deutschland.[89] In Hallen ohne Tageslicht, die kleiner sind als ein Fünfzig-Meter-Schwimmbecken, leben bis zu 40 000 Tiere; die größte Anlage steht derzeit in Ostdeutschland im Landkreis Vorpommern-Rügen, die Ställe dort bieten Platz für insgesamt 966 000 Masthähnchen.[90] Aber das Wort Platzangebot führt in der Hühnermast in die Irre. Die Vögel dämmern auf einer Fläche vor sich hin, die pro Tier kaum größer ist als ein halbes DIN-A4-Blatt, sie können nicht im Sand baden, wie es ihre Art ist, sie können nicht im Freien scharren und picken, nicht auf Stangen in erhöhter Position die Nacht verbringen, wie sie es am liebsten tun. Nachdem sie im Brutautomaten mit einem Gewicht von rund 40 Gramm geschlüpft sind, leben die Hühnchen nur circa 33 Tage in der Kurzmast und etwa eine gute Woche länger in der Schwermast,[91] dann haben sie ihr »Lebensziel« erreicht – das ist ein Schlachtgewicht von 1,6 bis 2,5 Kilogramm.[92]

Noch vor 50 Jahren musste ein Huhn fünf Kilogramm Futter fressen, um ein Kilo Fleisch zuzulegen, es benötigte dafür die doppelte Zeit; heute braucht es für ein Kilogramm Gewichtszunahme nur noch etwa 1,6 Kilo eines Futters, dessen Zusammensetzung eine Wissenschaft für sich ist – und dessen Bestandteile zum großen Teil auch direkt vom Menschen verzehrt werden könnten.[93] Das Futter ist übrigens der mit Abstand wichtigste Kostenfaktor in der Kalkulation, bei der es für den Mäster nur um minimale Margen geht, man spricht von nur sechs Cent Gewinn pro Kilogramm Fleisch oder sogar nur sechs Cent Gewinn für das ganze Tier.[94] Mäster können deshalb nur Geld verdienen, wenn sie so viele Tiere wie möglich auf so wenig Platz, wie gerade noch erlaubt ist, in möglichst kurzer Zeit zur Schlachtreife bringen.[95] Danach wird der Stall für die nächste Herde ausgemistet und desinfiziert; so bringen es die Landwirte im Durchschnitt auf 7,5 sogenannte Mastdurchgänge im Jahr.[96]

Wegen der starken Nachfrage nach Geflügelfleisch und besonders nach Teilstücken wie Brust oder Keule sind die Tiere auf extrem schnellen Wuchs und maximalen Fleischansatz besonders der Brustmuskulatur gezüchtet. Dadurch verlagert sich ihr Körperschwerpunkt, ihre Beine, Hüften, Gelenke und Organe sind überlastet und deformiert, sie humpeln, lahmen, können sich wegen der Schmerzen oft gar nicht mehr richtig fortbewegen, was mit zunehmender Enge im Stall aber auch immer weniger möglich ist. Wenn sich die Tiere ihrem Zielgewicht nähern, drängen sich 16 bis 26 auf einem einzigen Quadratmeter[97], dann hocken sie den größten Teil ihrer Zeit nur noch auf dem Boden, vegetieren in dunklen Ställen oder unter Kunstlicht auf engstem Raum dahin. In der Regel wird die Einstreu (z.B. Sägemehl oder Strohpellets[98]), auf der die Tiere leben, während der Mastzeit nicht erneuert, von Tag zu Tag wird sie dreckiger, feuchter, klumpiger, ihr entsteigt das stechend riechende Ammoniakgas aus dem Kot der Vögel. Das Gas reizt ihre Augen und schädigt ihre Atemwegsorgane. An den Fußballen und an den Brustmuskeln vieler Tiere bilden sich schmerzhafte Entzündungen und Geschwüre, sie sind eine Eintrittspforte für Krankheitserreger. Bei etwa 20 Prozent aller zur Schlachtung angelieferten Hühner treten erhebliche Fußballenveränderungen auf, und nur bei einem Drittel sind die Fußballen zum Zeitpunkt der Schlachtung unverändert.[99] Wegen der raschen Gewichtszunahme leiden viele Hühner unter Herz-Kreislauf-Erkrankungen, gestresst sterben sie am plötzlichen Herztod oder an Bauchwassersucht, einer krankhaften Ansammlung von Flüssigkeit in der Bauchhöhle aufgrund von Herz- oder Leberschäden.[100]

In seinem Aufsatz »Qualzucht bei Nutztieren« zitiert der Agrarökonom und Professor für ökologische Tierhaltung an der Hochschule für nachhaltige Entwicklung in Eberswalde, Bernhard Hörning,[101] aus verschiedenen Praxisstudien. Danach wurden bei 55 bis 90 Prozent der untersuchten Masthühner Gelenkerkrankungen diagnostiziert, unter akuter Lahmheit litten zwei bis 33 Prozent der Tiere. Mit Ausnahme der Nahrungsaufnahme würden alle Verhaltensweisen im Verlauf der Mast rapide abnehmen, entsprechend steige der Anteil des Ruhens auf über zwei Drittel der Tageszeit an. Zwei bis drei von 100 Masthühnchen sterben während der Mast oder werden getötet, weil sie krank sind, diese Zahl nennt Wiesenhof;[102] Bernhard Hörning dagegen verweist auf Untersuchungen, welche die Tierverluste bei Masthühnern auf 5 bis 7 Prozent bezifferten, bei Putenhennen auf circa 4 Prozent, bei Putenhähnen sogar auf 11 Prozent.[103]

Diejenigen Tiere, die die Mast überstehen und schließlich in den Kühltruhen und Fleischauslagen landen, bezeichnet der Deutsche Tierschutzbund als »gezüchtete Krüppel«[104] und macht bewusst, dass das, was der Kunde als Broiler oder halbes Hähnchen kauft, in Wahrheit ein viel zu schnell gewachsenes, übergewichtiges, ein buchstäblich aufgepumptes Küken ist, das gerade mal fünf, sechs Wochen alt wurde: »Das vermeintlich appetitliche Hähnchen auf dem Teller ist zu seinen Lebzeiten ein von Wunden und Entzündungen gequältes, fast bewegungsunfähiges Wesen, das nach Ablauf weniger Wochen in die industrielle Verarbeitung wandert.« Umso bemerkenswerter ist es, dass der Deutsche Tierschutzbund die Lebensbedingungen der Hühner bei »Privathof« offensichtlich deutlich anders beurteilt.

Antibiotika an sieben von 35 Lebenstagen

Um die Ausbreitung von Krankheiten in der Enge der Ställe in Schach zu halten, kommen viele Mäster um Antibiotika praktisch nicht mehr herum, die Medikamente werden dauerhaft und routinemäßig eingesetzt. Dies bestätigte ein aufsehenerregender Bericht des Landesamts für Natur, Umwelt und Verbraucherschutz (LANUV) in Nordrhein-Westfalen von 2012, welcher die Daten von 17,9 Millionen Masthühnern auswertete. 16,4 Millionen Tiere, also annähernd 92 Prozent, bekamen Antibiotika verabreicht; dabei kamen bis zu acht verschiedene Wirkstoffe zum Einsatz, durchschnittlich 3,4 pro Tier. Die Dauer der Behandlung betrug zwischen einem und 24 Tage, im Durchschnitt erhielten die Hühnchen 7,6 Tage lang Antibiotika – ein alarmierender Wert, wenn man bedenkt, dass die Tiere nur wenige Wochen alt werden. Das Fazit der Autoren: »Die dargestellte Situation, wonach neun von zehn Masthühnern behandelt werden, ist nicht akzeptabel und legt den Schluss nahe, dass das Haltungssystem nicht den Vorgaben des Tierschutzgesetzes entspricht, da die angemessene Ernährung, Pflege und verhaltensgerechte Unterbringung in Frage gestellt werden muss.«[105]

Tatsächlich fällt Deutschland in Sachen Antibiotikaeinsatz in der Nutztierhaltung im europäischen Vergleich durch besonders hohe Einsatzmengen auf. Auch wenn diese seit 2011 (ca. 1706 Tonnen) kontinuierlich um jeweils etwa 15 Prozent pro Jahr gesunken sind, kann daraus keineswegs eine generelle Entwarnung abgeleitet werden. Denn einzelne Wirkstoffe können auch in niedrigeren Dosierungen hohe Wirksamkeit entfalten, und man weiß insbesondere über die sogenannten Fluorchinolone, welche als Reserveantibiotika in der Humanmedizin benötigt werden, dass deren Verwendung sogar zugenommen hat.

Auch scheint der seit April 2014 in Deutschland eingeschlagene Weg zur Reduzierung des Arzneimitteleinsatzes in den Ställen schon deshalb wenig erfolgversprechend für die flächendeckende Verbesserung der Tiergesundheit, weil die gesetzlich vorgeschriebene Dokumentation und statistische Erfassung der Mengen und Wirkstoffe erstens nur für Masttiere gilt (und nicht für Milchkühe und Legehennen) und weil zweitens die Daten ausdrücklich *nicht* für weitergehende wissenschaftliche Auswertungen, geschweige denn für betriebsgenau vergleichende Analysen herangezogen werden dürfen. Genau das aber wäre dringend notwendig, weil es zwischen den Betrieben erhebliche Unterschiede bei den Verbrauchsmengen gibt: Es müssen die Ursachen dafür gefunden werden, warum Landwirt und Tierarzt im einen Betrieb sehr viel Antibiotika benötigen, im anderen aber viel weniger.

Hohe Antibiotikagaben sind nicht nur ein Indiz für Mängel bei der Tiergesundheit. Sie verursachen zugleich resistente Bakterien, die auch für Menschen gefährlich werden können. Wie groß diese Gefahr aus dem Stall für die menschliche Gesundheit tatsächlich ist, ist wissenschaftlich noch nicht geklärt. Aber je mehr Antibiotika im Stall eingesetzt werden, desto mehr Resistenzen entwickeln die Tiere und desto größer wird das Risiko. Und bei Masthühnern werden nun einmal besonders viele Antibiotika eingesetzt.[106]

Umso empörender ist, wie dürftig und unverbindlich die deutsche Geflügelwirtschaft mit derlei drängenden Problemen umgeht. Als die Branche 2015 die erste deutsche *Geflügel-Charta* vorlegte,[107] war darin viel von Verantwortung die Rede, Tierwohl und Tiergesundheit wurden zur »zentralen Aufgabe« erklärt. Tatsächlich gleicht die »Selbstverpflichtung« mehr einem Werbeprospekt als einer Charta, weil jegliche konkrete Zielsetzung fehlt. Während Wissenschaftler seit Jahrzehnten immer neue alarmierende Daten über *Produktionskrankheiten* zusammentragen, die offenbaren, dass die derzeitige Praxis der Nutztierhaltung die Tiere systematisch krank macht und frühzeitig sterben lässt, ist in der Charta von »wenigen schwarzen Schafen« die Rede, die man nun kompromisslos ausschließen wolle.[108] Entlarvend ist in dieser Hinsicht das Online-Dialogforum der Charta. Dort fragt ein Verbraucher, was dagegen spreche, »die Geflügelzucht ganzheitlich zum Wohle der Tiere so zu verändern, dass sie sehr gute Lebensbedingungen haben und der Verbraucher zwar weniger und teureres Fleisch zur Verfügung hat, dafür aber qualitativ besseres Fleisch und das auch zum Wohle des Tieres?« Die Antwort der Charta ist die, die stets gegeben wird, die den Verbrauchern die Schuld gibt, den Tieren aber nicht hilft und schon deshalb nicht richtig sein kann: »In einer freien Marktwirtschaft wird das Angebot immer durch die Nachfrage bestimmt (...) Am Ende entscheidet der Verbraucher durch sein Kaufverhalten, welche Haltungsform sich durchsetzt.«[109] Wie problemvergessen die Charta-Macher argumentieren, zeigt auch ihre Antwort auf die Frage einer Verbraucherin, wie viele Tiere vor dem Schlachten sterben. Die Antwort: Es sei kein Anzeichen für schlechte Haltung, wenn Tiere während der Aufzucht sterben, »schließlich ist auch in der Natur das Sterben von Tieren ein natürlicher Vorgang ...«

Bezeichnend auch ein weiterer Online-Dialog zum exzessiven Antibiotikaeinsatz in den Geflügelställen. Ein Verbraucher fragt nach dem bereits oben erwähnten Bericht des Landesamts für Natur, Umwelt und Verbraucherschutz (LANUV) in Nordrhein-Westfalen, der 2012 zu dem Ergebnis kam, dass 91,6 Prozent der Masthühnchen Antibiotika erhielten. Die Antwort: Die Studie stelle »keineswegs eine belastbare Faktengrundlage« dar, »im Gegenteil: Sie gilt als methodisch umstritten und wurde gar kurz nach Erscheinen zur ›Unstatistik des Monats‹ gekürt.« Dass die Studie diesen Titel erhielt, ist korrekt,[110,111] allerdings hatte das Landesamt 2012 seinen Bericht wenige Wochen nach der ersten Veröffentlichung korrigiert und die Zahl der behandelten Masthähnchen berichtigt – von 96,4 Prozent auf 91,6 Prozent! An der alarmierenden Grundaussage änderte sich damit so gut wie nichts: dass nämlich eine Masttierhaltung auch dann nicht akzeptabel sein kann, wenn »nur« 92 statt 96 von 100 Tieren Antibiotika schlucken müssen, weil sie ohne das Medikament offenbar nicht durch ihr nur wenige Wochen kurzes Leben kommen.

Dass der Zentralverband der Deutschen Geflügelwirtschaft auch drei Jahre nach der Korrektur durch die Behörde von 96,4 auf 91,6 Prozent die Studie immer noch als angebliche »Unstatistik« diskreditiert und dem Leser die Korrektur unterschlägt, zeugt nicht von jener »transparenten und ehrlichen« Verbraucherinformation,[112] zu der sich der Wirtschaftsverband selbst verpflichtet hat. Die Wissenschaftler, die den Fehler in ihrer »Unstatistik« zunächst aufspießten, verwiesen übrigens auf eine andere Untersuchung aus einem anderen Bundesland, die »mehr Aufschluss« über die Anzahl der behandelten Masthühner gebe: »Nach dieser Studie wurden 76 Prozent der Masthühnchen in Niedersachsen mit Antibiotika behandelt.«[113]

Hühner zwischen Legezwang und Kükenschredder

Der Ausschuss, den unser Hunger auf Hühnerei hinterlässt, beträgt schon gleich am Anfang ziemlich genau 50 Prozent. Kurz besehen – und schon ist die Hälfte auch wieder weg, aussortiert, vergast. Dieser Ausschuss sind Tiere, grammleicht und gelb, flauschige, piepsende, gelbe Bällchen. 17 Tage sind sie in ihren Eiern in einer Brutmaschine herangewachsen, wurden vollautomatisch gewendet, computergesteuert mit der richtigen Temperatur und Luftfeuchte versorgt, dazu mit dem richtigen Dämmerlicht, so wie es sonst durchs Gefieder der Glucke schimmert, bis sie sich dann in der Schlupfmaschine am 21. Tag ihres Lebens in einem stundenlangen Kampf aus der Schale befreiten. Frisch geschlüpft, hocken sie nur wenige Stunden später auf Förderbändern oder Sortiertischen, Menschen mit Mundschutz und Handschuhen greifen nach ihnen, inspizieren ihr Geschlecht, die Weibchen landen in der linken Kiste, die andere Hälfte, die Männchen, in der rechten.

Die Kisten mit den Hahnenküken werden in luftdichte Metallschränke geschoben, in die Kohlendioxid strömt. Die gelben Bällchen schnappen nach Luft, springen piepsend in die Höhe, fallen übereinander, nach ein paar Sekunden sinken ihre Köpfchen nach hinten, die Augenlider schließen sich. Ihr erster Tag war auch ihr letzter.[114]

Tag für Tag sterben in Deutschland auf diese Weise oder durch Schreddern bei lebendigem Leib im sogenannten Homogenisator mehr als 100 000 männliche Küken, etwa 45 Millionen pro Jahr. Das Töten in den Eierbrütereien ist so selbstverständlich wie die Euterentzündungen übernutzter Milchkühe, so selbstverständlich wie die Gelenk-, Lungen- und Leberschäden bei Mastschweinen und wie die gehunfähigen Masthühner und Mastputen. Die Kükenvergasung unmittelbar nach dem Schlüpfen ist normaler, weil geduldeter Bestandteil der Eierproduktion. Wer die beklemmende Prozedur einmal gesehen hat, spürt, dass die Nutztierhaltung hier eine Grenze überschreitet, die wir als Gesellschaft längst gezogen haben. Eigentlich. Es sei denn, man nimmt das Wort »Raubtierkapitalismus« zumindest in der Nutztierhaltung wörtlich. Das Tierschutzgesetz verbietet die Tötung »ohne vernünftigen Grund«,[115] und die Tatsache, dass sich die Aufzucht eines männlichen Kükens der Legerassen nicht lohnt, kann kein »vernünftiger Grund« sein. Leben zu erzeugen und es wegen mangelnder ökonomischer Verwertbarkeit sofort wieder zu vernichten ist ethisch nicht zu rechtfertigen.

Dennoch wird diese Grenze täglich abertausendfach überschritten, weil auch in der Eierproduktion gilt: höchstmöglicher Ausstoß zu niedrigstmöglichen Kosten, ohne Rücksicht auf das Recht und Wohl der Tiere. Die männlichen Küken sind nur die ersten Opfer dieses Prinzips. Es ist bezeichnend, dass es bis zum Frühjahr 2016 dauerte, dass eine Staatsanwaltschaft erstmals Anklage erhob gegen eine Brüterei – 14 Jahre nachdem der Tierschutz als Staatsziel ins Grundgesetz aufgenommen wurde. Das Landgericht lehnte die Klage ab, doch die Staatsanwaltschaft hatte schon zuvor angekündigt, die Frage wegen ihrer grundsätzlichen Bedeutung notfalls bis zum Bundesgerichtshof zu tragen.[116, 117]

Dass die Hahnenküken »wertlos« erscheinen, hat mit der extremen Züchtung auf eine sehr einseitige Leistung zu tun. Egal, ob Legehennen in Käfigen leben oder nach Bio-Standards gehalten werden – alle sind sie sogenannte Legehybride, darauf gezüchtet, möglichst viele Eier zu legen. Bringen es herkömmliche Hühnerrassen auf 20 bis 180 Eier im Jahr, schaffen Legehybride mehr als 300. Ihre ganze Lebenskraft fließt in die Produktion der Eier, für den Fleisch- und Muskelansatz bleibt kaum noch etwas übrig. Bei den Masthybriden ist es umgekehrt: Sie setzen sehr schnell sehr viel Fleisch an, legen aber viel weniger Eier. Für die männlichen Küken der Legehybride ist diese extreme Spezialisierung auf Eier- *oder* Fleischleistung das Todesurteil: Zu Hähnen herangewachsen, können sie nun mal keine Eier legen, und beim Fleischansatz können sie mit den Masthybriden nicht mithalten. Natürlich lassen sich auch die männlichen Küken der Legehybriden mästen – aber eben nicht profitabel. Die Tiere haben nach ihrer Aufzucht etwa ein Kilo weniger Schlachtgewicht als Mastrassen, verursachen aber ähnliche Kosten für Stallplatz, Futter und Arbeitszeit. Bei Gewinnen pro Masthuhn von wenigen Cent ist das Mästen von Hahnenküken der Legerassen für den Landwirt gnadenlos unwirtschaftlich. Auf den Punkt gebracht: Sie wachsen zu langsam und fressen zu viel, sie bringen Verlust statt Gewinn. Deshalb finden sie, vergast oder geschreddert, nur noch Verwendung als Futter in Falknereien, Tierparks und Zoos.

Auch der zuständige Landwirtschaftsminister Christian Schmidt (CSU) hält es »sowohl aus tierschutz- als auch aus ethischer Sicht für unerträglich, dass jedes Jahr rund 45 Millionen männliche Küken getötet werden, nur weil sie das falsche Geschlecht haben«.[118] Umso befremdlicher ist es, dass ein Tierschutz-Minister, der eine Tierschutz-Praxis für doppelt »unerträglich« hält, sich dennoch nicht für ein Verbot der Kükentötung einsetzen will, sondern lediglich eine unverbindliche Absichtserklärung formuliert und Steuergeld ausgibt: »Mein Ziel ist, dass das Kükenschreddern 2017 aufhört!«, kündigte Christian Schmidt Mitte 2015 an, als er gut eine Million Euro an einen Forschungsverbund der Universität Leipzig und des Fraunhofer-Instituts in Dresden gab, die seit Jahren an Alternativen zum Vergasen und Schreddern forschen. Eine Methode besteht darin, ab dem dritten Bebrütungstag mit Hilfe eines Lasers ein winziges Loch in die Kalkschale zu schneiden, die Blutzellen zu analysieren und so das Geschlecht des heranwachsenden Kükens zu bestimmen, noch bevor es Schmerzen empfinden kann; die männlichen Eier könnten dann aussortiert und zu Tierfutter verarbeitet werden.[119] Mit dem Steuergeld für die Forscher und seiner Ankündigung, das Schreddern zu beenden, kann sich Christian Schmidt zwar als Kükenretter und »Tierwohl«-Minister profilieren, freilich bleibt er entscheidende Antworten schuldig.

Eine davon ist, wie schnell die Praxis im Labor in die Praxis in den Brütereien übertragen werden kann. »Sobald entsprechende Geräte auf dem Markt erhältlich sind, gibt es für die Brütereien keine Rechtfertigung mehr, männliche Küken auszubrüten und zu töten«, meinte Minister Schmidt[120] – so, als sei das Kükenvergasen bis dahin noch gerechtfertigt. Und wann Schmidts »sobald« sein wird, ist völlig ungewiss. Viele in der Branche halten es für ausgeschlossen, dass die noch zu entwickelnden Maschinen 2017 marktreif sein könnten. »Das dauert eher noch zehn Jahre als zwei«, sagt ein Brüterei-Unternehmer.[121] Die Geflügelwirtschaft jedenfalls hat wenig Interesse an der schnellen Umsetzung einer Maßnahme, die sie nur Geld kostet. In der »Tierwohl«-Vereinbarung mit dem Bundeslandwirtschaftsministerium von 2015 verpflichtet sie sich denn auch nur mit sehr vagen Begriffen auf das Ende der Kükenvergasung: Man werde das Verfahren unverzüglich anwenden, »sobald die automatisierte ›In-ovo-Geschlechtsbestimmung‹ und damit die Aussortierung männlich determinierter Eier ihre technische und wirtschaftliche Praxistauglichkeit erwiesen hat«.[122] Man kann davon ausgehen, dass die »wirtschaftliche Praxistauglichkeit« das zentrale Kriterium für die Unternehmen sein wird, und darüber befinden die Unternehmen nun mal ganz allein. Ohne verbindliches Ausstiegsdatum wird die Geflügelwirtschaft den Prozess wohl solange wie möglich verschleppen, so wie ihr das schon bei der Kleingruppenhaltung für Legehennen gelungen ist – das ist eine andere Form von Käfighaltung, die trotz festgestellter Verfassungswidrigkeit bis zum Jahr 2025 erlaubt ist, in Ausnahmefällen sogar bis 2028.[123] Zudem dürften die Geräte, die

die befruchteten Eier innerhalb von Sekunden scannen und sortieren, für kleinere Brütereien zu teuer sein; der Konzentrationsprozess im Eiermarkt, der schon jetzt von einer Handvoll großer Familienunternehmen beherrscht wird, würde sich weiter verschärfen.

Die Geschlechtsbestimmung im Ei mag das Vergasen und Schreddern männlicher Küken von Hochleistungslegerassen tatsächlich überflüssig machen, irgendwann einmal; doch gleichzeitig wird damit das bestehende System legitimiert und zementiert werden, das den Hennen gnadenlos höchste Legeleistungen abverlangt. Man kann sich gut vorstellen, wie Christian Schmidt oder einer seiner Nachfolger einmal zum Pressetermin einladen wird, um in einer Brüterei den Startknopf für das erste Gerät zur Geschlechtsbestimmung im Ei zu drücken; »Ausstieg aus dem Kükentöten« – so oder ähnlich werden die Schlagzeilen lauten, und viele werden glauben, dass nun alles gut sei bei der Eierproduktion.

»Wer glaubt, mit der technischen Lösung seien die Probleme der Legehennenhaltung beendet, der versucht nur, der Systemfrage auszuweichen«, warnt Thomas Schröder, Präsident des Deutschen Tierschutzbundes. »Es braucht mehr als das: andere Zuchtlinien und andere Haltungssysteme. Der Kükenmord ist eben nur ein Kennzeichen einer völlig aus dem Ruder gelaufenen Tierhaltung.«[124] Dem kann nicht widersprechen, wer die Zustände in den Legeställen kennt. Die Bruderhähne mögen eines Tages frühzeitig und schmerzfrei aussortiert werden können, für ihre Schwestern bleibt es dabei, dass sie als Legehennen ein kurzes elendes Leben leben.

Frühreife »Spitzenleisterinnen«

Dieses Leben ist vom ersten bis zum letzten Tag genau durchgetaktet. Nach dem Schlüpfen in der Brüterei ziehen die weiblichen Küken meist in einen Aufzuchtbetrieb um, wo sie zur Junghenne heranwachsen. Nach einer ganzen Reihe von Impfungen[125] wechseln sie im Alter von 18 Wochen erneut den Ort, erleben Stress beim Einfangen, beim Transport und bei der Umgewöhnung an den unbekannten neuen Stall, ihren letzten. Dort leisten sie, wozu sie gehalten werden, und in der Sprache der besonders raubtierkapitalistischen Legehennen-Nutztierökonomie klingt das so: »Die Produktivität der Legehennen ist in den letzten 20 Jahren durch züchterische Arbeit enorm verbessert worden. Heutige Hybriden sind sehr frühreif, zeichnen sich durch eine hohe Spitzenleistung, sehr gutes Durchhaltevermögen bei fast gleichbleibend guter Qualität der produzierten Eier und eine exzellente Futterverwertung aus.«[126] Aus immer weniger Futter macht die »frühreife Spitzenleisterin« heute 300 bis 330 Eier im Jahr, sie hält auf diesem hohen Niveau auch erstaunlich lange durch, wird aber, wenn ihre Legeleistung von 27 auf 20 Eier im Monat nachlässt und sich auch ihr Gesundheitsstatus verschlechtert, bereits nach etwa 15 Monaten als ausgelaugte, ausgenutzte Henne geschlachtet und zum Suppenhuhn verarbeitet. Ihre Lebenserwartung beträgt eigentlich 15 bis 20 Jahre, ihre Nutzungsdauer aber nur etwa ein Zehntel davon.[127]

In diesem Zehntel-Hühnerleben sieht die durchschnittliche Legehenne kaum Tageslicht und hat selten Gelegenheit zum Fliegen, viele angeborene Verhaltensweisen kann sie nicht ausleben.[128] Trotz der langen Zucht durch den Menschen sind die heute zur Eierproduktion gehaltenen Hühner in ihrem Verhalten immer noch ihrer Ursprungsrasse, dem Bankivahuhn, ähnlich. Die Reizschwellen für das Auslösen typischer Verhaltensweisen haben sich durch die Domestikation zwar teilweise leicht verändert, das Verhaltensrepertoire ist jedoch grundsätzlich erhalten geblieben. Manche Verhaltensformen sind beim »modernen« Huhn so stark ausgeprägt, dass sie auch dann noch ausgeführt werden, wenn die entsprechenden Umweltreize völlig fehlen. So zeigen Legehybriden auch dann ein Staubbadeverhalten, wenn gar kein Staub zur Verfügung steht – sie nutzen dann die mit Kot durchtränkte, ammoniakhaltige Einstreu oder vollführen – in der Käfighaltung – die typischen Bewegungen auf Metallgittern. Gleiches gilt für das Scharren bei der Nahrungsaufnahme oder für den Drang zum »Aufbaumen«. So nennt man das Verhalten wilder Hühner, die zur Nachtruhe erhöhte Positionen auf Ästen aufsuchen, um sich vor Fressfeinden zu schützen. Obwohl sie in modernen Ställen davor gefeit sind, verbringen Legehybriden 90 bis 100 Prozent der Nacht auf Sitzstangen – wenn sie denn Gelegenheit dazu haben. Ohne solche Stangen erleben sie den Zwang zur Nachtruhe auf dem Boden als Stress.[129]

Auch andere Bedürfnisse, deren Befriedigung eine wichtige Voraussetzung für ihr Wohlbefinden ist, können sie nicht ausleben. In wild lebenden Gruppen des Bankivahuhns mit einer Gruppengröße bis zu 20 Tieren herrscht eine klare Rangordnung, an deren Spitze meist ein Hahn steht. Diese Rangordnung wird zunächst durch Drohgebärden und das Picken gegen Kamm, Nacken oder Kopf des Konkurrenztieres etabliert, zur Aufrechterhaltung dieser Hackordnung reichen dann meist bloße Drohgebärden. Voraussetzung für das Funktionieren der Gruppenstruktur ist, dass sich die Tiere gegenseitig erkennen können. Nach den wenigen empirischen Erkenntnissen der Verhaltensforschung zu Wirtschaftsgeflügel endet die Möglichkeit der gegenseitigen Rangzuordnung jedoch ab einer Gruppengröße von etwa 30 Tieren.[130]

In den heutigen Ställen haben die Vögel keinerlei Chance, ihren angeborenen Drang auszuleben, eine Rangordnung herzustellen. Denn auch in der Bodenhaltung leben die Hennen – auf bis zu vier Etagen – in Gruppen mit bis zu 6000 Tieren, das sind 18 Hennen pro Quadratmeter. Jeder dritte konventionelle Bodenhaltungsbetrieb hält sogar 200 000 Legehennen, Tendenz steigend. Aber auch in der ökologischen Haltung sind es im Schnitt immer noch 13 500 Tiere je Betrieb. Diese Form der ökologischen Massentierhaltung entspricht wohl kaum den Erwartungen der Käufer von Bio-Eiern und schon gar nicht den Bedürfnissen der Tiere. Die Ställe sind aber nicht nur viel zu dicht besetzt, sondern auch dunkel und reizarm: Nur 3 Prozent der Stallgrundfläche müssen durch Lichtöffnungen erhellt sein; Einstreuflächen, auf denen die Tiere scharren können, müssen nur ein Drittel der Fläche ausmachen.[131] In den Ställen herrscht aus Sicht der Tiere Mangel an allen Ecken und Enden. Nur Eier gibt es in Hülle und Fülle.

Schaleneier sind bislang das einzige tierische Produkt in Deutschland, bei dem die verschiedenen Haltungsformen klar gekennzeichnet sind: Die Null auf der Schale steht für ökologische Erzeugung, 1 für Eier aus Freilandhaltung, 2 für Bodenhaltung und 3 für Eier von Käfighühnern. Die deutlichen

Verschiebungen im Einkaufsverhalten zeigen, dass tatsächlich viele Verbraucher durchaus bereit sind, für tiergerechtere Haltungsformen auch mehr Geld zu bezahlen. Sie tun das allerdings in der zweifelhaften Annahme, dass Freiland- oder Bio-Eier tatsächlich tiergerecht oder wenigstens tiergerechter wären als Eier aus Käfig- oder Bodenhaltung. Was aber ist tiergerecht?

Tiergerecht sind Haltungsbedingungen erst dann, wenn sie den spezifischen Ansprüchen der Tiere Rechnung tragen, wenn die körperlichen Funktionen der Tiere nicht beeinträchtigt, ihre Anpassungsfähigkeit nicht überfordert wird, wenn ihre Verhaltensmuster nicht derart eingeschränkt werden, dass sie dadurch Schmerzen, Leiden oder Schäden erfahren. Das schließt auch das Auftreten haltungsbedingter Krankheiten weitgehend aus. Für die entscheidende Frage, wie gesund Legehennen tatsächlich sind, gibt es aber weder gesetzlich verbindliche Zielvorgaben, noch werden derlei Daten von den Veterinärbehörden oder den Öko-Kontrollstellen systematisch in den Betrieben erfasst und transparent gemacht – dieser Mangel gilt sowohl für konventionelle als auch für ökologische Betriebe. Mit ihrer Kaufentscheidung können Verbraucher deshalb lediglich die Haltungs*form* honorieren; völlig intransparent bleibt für sie jedoch, ob die Eier aus Ställen stammen, in denen darüber hinaus die weit überwiegende Zahl der Tiere gesund ist oder eben in sehr hohem Maße krank.

Berufskrankheit Eileiterentzündung

Was über den Gesundheitsstatus von Legehennen in Abhängigkeit von ihren Haltungssystemen bekannt ist, stammt im Wesentlichen von Universitäten und staatlichen Instituten. Die Untersuchungen kommen teilweise zu sehr unterschiedlichen Ergebnissen. Das liegt daran, dass manche Studien eine Henne, die besonders viele und intakte Eier legt, als gesundes Tier definieren, während andere Studien äußere Gesundheitsmerkmale wie ein intaktes Gefieder, gesunde Fußballen oder nicht vorhandene Schäden am Brustbein zur Bestimmung des Gesundheitsstatus heranziehen; wieder andere bewerten die Tiergesundheit lediglich anhand der Sterblichkeitsrate einer Herde.

Trotz teilweise unterschiedlicher Ergebnisse zeigen die Studien gravierende gesundheitliche Probleme der Legehennen in allen Haltungsformen, so dass von einer tiergerechten Haltung nur in wenigen Fällen auszugehen ist. Der Stress der Enge, die viel zu zahlreichen Artgenossinnen, fehlende Beschäftigungsmöglichkeiten, Nährstoffmangel, schlechte Luft- und Lichtverhältnisse und nicht zuletzt ihre genetische Veranlagung überfordern die Anpassungsfähigkeit der Tiere: Sie werden – trotz vorbeugender Medikamentengabe – krank und sterben in großer Zahl bereits im Stall. In einem Verbundprojekt mehrerer Universitäten in den Jahren 2010 bis 2012 wurden in ökologischen Legehennenhaltungen über die gesamte Haltungsdauer Sterblichkeitsraten von elf bis 18 Prozent gemessen, in kleineren Öko-Herden (bis zu 1700 Hennen) waren es sieben bis neun Prozent. Bei Volieren-Bodenhaltung starben unabhängig von der Herdengröße zehn bis zwölf Prozent der Tiere, bei der »Kleingruppenhaltung« (eine Art Käfighaltung) waren es sechs bis sieben Prozent. Die statistischen Durchschnittswerte täuschen dabei darüber hinweg, dass es in allen Haltungsformen Hennen gibt, die unter katastrophalen Bedingungen leben müssen. In einer anderen Studie der Tierärztlichen Hochschule Hannover von 2003 schwankten die Sterblichkeitsraten in der Bodenhaltung zwischen 12,9 und 26,4 Prozent, bei der Freilandhaltung zwischen 5,8 und 32,9 Prozent und auch bei der damals für besonders gut befundenen, inzwischen verbotenen Batterie-Käfighaltung zwischen 1,4 und 32,7 Prozent.[132]

Nach anderen Untersuchungen erleidet etwa jede zweite Henne Brustbeinschäden, eine Folge von zu geringer Knochenfestigkeit und »Flugunfällen«.[133] Die geringe Knochenfestigkeit wird in Zusammenhang mit der hohen Legeleistung der Vögel gebracht: Ihre Knochen dienen auch als Reservoir des zur Eischalenbildung benötigten Kalziums; bei Hochleistungsrassen wird allerdings oft mehr Kalzium aus den Knochen entmineralisiert, als die Tiere über das Futter aufnehmen; die Folge ist die sogenannte Knochenweiche, die noch durch die bewegungsarme Haltung verstärkt wird. Beim Einfangen für den Transport zum Schlachthof kommt es deshalb häufig zu Knochenbrüchen.[134] Auch sind Legehennen besonders anfällig für Infektionskrankheiten und Parasitenbefall. In der Boden-, Freiland- und Öko-Haltung kommen die Vögel verstärkt mit den eigenen Exkrementen und mit Staub in Kontakt, wodurch Krankheitserreger wie Viren, Bakterien oder Pilze übertragen werden können, zudem können Ratten, Mäuse und andere Nager Krankheiten auch in geschlossene Ställe einschleppen.

Haben die Hennen Auslauf ins Freie, können die Erreger zusätzlich über Wildvögel übertragen werden. Betroffen von den Infektionen sind vor allem die Atemwege, der Darm und der stark beanspruchte Lege-Apparat; Eileiterentzündungen sind keine Seltenheit, sie gelten als »Berufskrankheit« der Legehennen.[135]

Ökologische Haltungsformen schneiden dabei keineswegs so ab, wie sich das Käufer von Bio-Eiern möglicherweise vorstellen. In dem 2015 abgeschlossenen, dreijährigen europäischen Forschungsprojekt »HealthyHens« unter der Leitung der Universität Kassel fanden die Forscher in 114 ökologischen Legehennenbetrieben in acht Ländern bei durchschnittlich 45 Prozent der untersuchten Legehennen Verformungen am Brustbein und Spuren früherer Brüche, bei 30 Prozent entdeckten sie Veränderungen an den Fußballen. Der Befall mit Würmern lag zur Legespitze bei 55 Prozent, am Ende der Legeperiode bei 61 Prozent; und 40 Prozent der untersuchten Legehennen wiesen Pickschäden am Gefieder auf, 21 Prozent hatten Pickverletzungen.[136]

Tatsächlich ist Federpicken ein weitverbreitetes Problem der Legehybriden in allen Haltungsformen, und es kann bis zum massenhaften Kannibalismus ausarten. Zwar ist das Auffressen toter Artgenossen bei Hühnern nicht ungewöhnlich, sie sind auch Aasfresser. Auch aggressives Picken zur Herstellung der Hackordnung ist normal und richtet sich meist auf die Kopfregion anderer Hennen. Das Anfressen lebender Artgenossen bis zu deren Tod kommt hingegen nur bei den heute eingestallten Legehybriden vor. Beim Kannibalismus bepicken einzelne Tiere ihre Artgenossinnen meist im Bereich der Kloake, teils auch an anderen Körperstellen, insbesondere an bereits blutigen Hautstellen. Beobachtet werden immer wieder regelrechte Ausbrüche von Kannibalismus in den Herden, wenn einzelne Tiere damit beginnen und plötzlich viele Nachahmer finden. Die Ursachen für diese Verhaltensstörungen sind sehr komplex und nicht vollständig erforscht. Relativ einig ist sich die Wissenschaft jedoch darin, dass es sich bei Federpicken und Kannibalismus um die fehlgeleitete Suche nach Futter handelt. Als Auslöser kommen eine hohe Besatzdichte und zu große Gruppengrößen in Frage, ein schlechtes Stallklima, ungünstige Lichtverhältnisse, eine Unterversorgung mit Nährstoffen und der Mangel an Beschäftigungsmöglichkeiten oder Einstreu, so dass die Tiere ihren Picktrieb nicht ausleben können. Beim Kloakenkannibalismus gibt es auch einen Zusammenhang zur hohen Legeleistung – denn eine vom vielen Eierlegen gerötete Kloake stellt einen hohen Reiz für andere Tiere dar, diese zu bepicken.[137]

Dass Bio-Legehennen sogar noch stärker als konventionell gehaltene Tiere zu Federpicken und Kannibalismus neigen, hat seine Ursache offenbar in einer tendenziellen Unterversorgung mit bestimmten Aminosäuren, die das gängige Öko-Futter nicht in ausreichender Menge enthält (und die deshalb zum Beispiel über konventionelles Kartoffeleiweiß zugefüttert werden). Zwar wirkt sich Freilandzugang offenbar mildernd auf das Federpicken aus, jedoch scheint die Unterversorgung mit den Aminosäuren das Problem wieder zu verschärfen. In einer Studie aus dem Jahr 2000 waren bis zu 75 Prozent der ökologischen Legehennenhaltungen von mittelgradigem bis starkem Federpicken betroffen.[138]

Die europaweite Studie über ökologisch arbeitende Halter zieht ein aufschlussreiches Fazit: »Basierend auf dem breit angelegten Datensatz von 114 europäischen Bio-Legehennenbetrieben konnte festgestellt werden, dass insgesamt ein Verbesserungspotential bei allen untersuchten Gesundheitsparametern (Parasitenlast, Gefieder- und Hautschäden, Fußballen- und Brustbeinveränderungen) besteht.« Damit ist klar: Selbst bei Bio-Betrieben ist längst nicht alles so schön, wie ihre Verbandsvertreter oft glauben machen wollen. Interessant ist aber auch der zweite Satz des Fazits: »Gleichzeitig fanden sich jedoch für alle Parameter Betriebe, auf denen alle Hennen von den jeweiligen Schäden frei waren.« Diese Beobachtung – dass es enorme Unterschiede bei den Gesundheitsdaten der Tiere in vergleichbaren Ställen gibt – machen praktisch alle Wissenschaftler, die zu diesem Thema forschen: Die Schwankungen zwischen Betrieben innerhalb einer Haltungsform – also zum Beispiel nur Bio-Betriebe – ist oft stärker als die Unterschiede zwischen verschiedenen Haltungsformen. Wie gesund die Tiere sind, hängt demnach ganz stark von der Qualität der Betreuung und des Herdenmanagements ab und korreliert keineswegs automatisch mit der Größe des Betriebs. In einem gut geführten Großbetrieb können die Tiere demnach wesentlich gesünder sein als in einer schlecht geführten kleinen Landwirtschaft. Mit anderen Worten: Bei der Aufgabe, die Tiergesundheit zu erhöhen, gibt es keine einfachen Lösungen, bio schlägt nicht wie von selbst konventionell, und klein überflügelt nicht automatisch groß. Jeder Betrieb ist anders und muss den individuellen Nachweis erbringen, dass er in der Lage ist, seine Tiere gesund zu halten.

Kapitel 2

Der Schnabel soll dranbleiben – kein Problem?

Aus diesem Grund ist auch die Diskussion ums Schnabelkürzen keine ehrliche Diskussion. Um die Folgen des Federpickens und des Kannibalismus abzumildern, kürzen die meisten Halter ihren Küken ohne Betäubung die Schnäbel, zum Einsatz kommt meist ein heißer Infrarotstrahl, aber auch glühende Messer oder Drähte. Die Schnäbel sind nicht etwa eine gefühllose Hornmasse, sondern ein wichtiges und empfindliches Tastorgan, unseren Fingerspitzen vergleichbar. Alle Kupiermethoden zerstören Knochen und Gewebe und verursachen starke akute, teils chronische Schmerzen. Danach können die Vögel teilweise nicht mehr artgemäß fressen und ihr Gefieder pflegen. Für das Beschneiden brauchen die Halter deshalb eine Genehmigung, die das deutsche Tierschutzrecht nur im Ausnahmefall vorsieht. Dahinter steht der Gedanke, dass Hühner fühlende und leidensfähige Wesen sind und nicht einfach nur Produktionsfaktoren, die es zu optimieren gilt. Dennoch erteilen die Behörden die Genehmigungen zum Kupieren standardmäßig, die qualvolle Prozedur ist deshalb – wie das Kupieren der Ringelschwänze bei Ferkeln – nicht die Ausnahme, sondern zur Regel geworden.

Ist ein Ende der Praxis in Sicht? Die Länder Niedersachsen und Mecklenburg-Vorpommern sowie der *Verein für kontrollierte alternative Tierhaltungsformen* (KAT), dem fast alle Legehennenhalter angehören, wollen die Amputation von Schnabelspitzen von 2017 an beenden. Und in der »Tierwohl«-Initiative »Eine Frage der Haltung« von Bundeslandwirtschaftsminister Christian Schmidt verpflichtet sich die

Geflügelwirtschaft, von 2017 an keine schnabelgekürzten Junghennen mehr in die Legeställe zu bringen.[139] Aber auch nur »regelmäßig«, wie es in der freiwilligen Vereinbarung relativierend heißt.

Bei den Mast*puten* sind die eingegangenen Verpflichtungen noch viel vager: Das Ministerium und die deutsche Geflügelwirtschaft seien sich einig darin, »dass der Ausstieg aus dem Schnabelkürzen bei Puten nur schrittweise und in der breiten Praxis erst dann erfolgen kann, wenn ausreichende wissenschaftliche Erkenntnisse über die Ursachen von Federpicken und Kannibalismus und über die Möglichkeiten ihrer Vermeidung vorliegen.« Wegen »unvollständiger« und »nicht hinreichend belastbarer Erkenntnisse« bei den Putenhennen wurde deshalb zunächst »eine Evaluierung zur Prüfung der Machbarkeit vorgeschaltet. Diese Bewertung wird Ende 2017 erfolgen. Wenn die Evaluierung dies rechtfertigt, soll ab dem 1. Januar 2019 in der Mast von Putenhennen in Deutschland auf die Einstellung von schnabelgekürzten Tieren regelmäßig verzichtet werden.« Das klingt nach sehr vielen eingebauten Hintertürchen. Bis die irgendwann geschlossen werden – wenn überhaupt je –, versprechen die Putenmäster den Einsatz der »schonenden Infrarot-Technologie durch speziell geschulte Mitarbeiter am ersten Lebenstag in der Brüterei.«

Doch selbst wenn die Hühner- und Putenkükenschnäbel eines Tages ausnahmslos dranbleiben, wäre das Problem keinesfalls gelöst. Es würde nur noch deutlicher hervortreten: Den Tieren bliebe zwar das Kupieren erspart; doch verhaltensgestört, wie sie unter den herrschenden Bedingungen nun mal sind, würden sie sich mit ihren unbeschnittenen Schnäbeln nur umso stärker gegenseitig verletzen. Weil zu viele von ihnen in tierwidrigen Haltungssystemen leben.

Kapitel 3

Tierwohl als Systemkosmetik oder: Der Rohstoff Tier

Seit Jahrzehnten beschreiben und kritisieren Wissenschaftler ein unerträglich hohes Niveau an *Produktionskrankheiten* in den Ställen, wie wir es im vorangegangenen Kapitel nachgezeichnet haben. Ökonomisch gesprochen sind *Produktionskrankheiten* unerwünschte Nebenwirkungen einer Nutztierhaltung, die vor allem auf die Senkung der Produktionskosten ausgerichtet ist. Für die meisten landwirtschaftlichen Betriebe sind Maßnahmen zur Reduzierung von *Produktionskrankheiten* mit erheblichen Kosten verbunden. Doch wenn der Markt diese Mehrkosten nicht finanziell honoriert, werden sich die krank machenden Lebensbedingungen der Nutztiere nicht substantiell verbessern.

Man sollte also meinen, dass inzwischen auch die Lebensmittelbranche ernsthaft umgetrieben ist von den grundlegenden Fragen: Wie lassen sich die Lebensbedingungen *aller* Nutztiere verbessern – und nicht nur die Lebensbedingungen einiger weniger, deren Erzeugnisse unter exquisiten Labels an eine genuss- und zahlungsfähige Klientel abgesetzt werden können? Wie kann verhindert werden, dass regelmäßig Schlachtkörper, an denen man kranke Lebern, Lungen, Herzen, Euter und Gliedmaßen entdeckt, als Fleisch und Wurst vermeintlich gesunder, glücklicher Tiere buchstäblich bei jeder Mahlzeit auf unseren Tellern landen? Was müssten wir als Unternehmen tun, damit in Zukunft nur noch Milch, Fleisch und Eier verarbeitet werden von Tieren, die so gut gehalten wurden, dass sie von Krankheit, Verhaltensstörungen und Leid weitestgehend verschont bleiben?

Für dieses Buch haben wir 35 führenden Unternehmen der deutschen Lebensmittelwirtschaft von Aldi bis Unilever und Weihenstephan einen Fragenkatalog geschickt. Wir wollten von ihnen wissen, welche Ziele sie in der Tierhaltung verfolgen und mit welchen Strategien sie diese Ziele erreichen wollen. Ob und wenn ja, welche konkreten Anforderungen sie an die Gesundheit der Tiere stellen, aus deren Körpern und Produkten sie Wurstaufschnitt, Filets, Reibekäse, Fruchtjoghurt, Eiernudeln, Vollmilchschokolade, Tiramisu und Speiseeis herstellen. Wir wollten wissen, ob die Unternehmen Landwirte honorieren, deren Tiere überdurchschnittlich gesund sind, und ob sie jene Erzeuger aus ihrer Lieferantenliste streichen, bei denen ein gutes Maß an Tiergesundheit nicht gewährleistet wird.

Der Rücklauf auf unsere Anfrage war zum großen Teil ernüchternd. 15 von 35 angeschriebenen Unternehmen antworteten überhaupt nicht, darunter Deutschlands größter Schlacht- und Fleischkonzern Tönnies, der Markenmulti Unilever (u.a. Knorr, Rama, Sanella, Magnum, Langnese, Lätta, Bertolli) sowie die großen Molkereien Bauer, Deutsches Milchkontor, Müllermilch und Weihenstephan; von den fünf angeschriebenen Geflügelschlachtern war allein Branchenprimus Wiesenhof kommunikationsbereit. Viele Antworten zeigten, dass das Thema zwar virulent ist, dass manche Unternehmen die Probleme im Prinzip auch wahrnehmen, aber offenbar immer noch glauben, sich irgendwie wegducken, herausreden oder sie mit nichtssagenden, nicht überprüfbaren Aussagen überspielen zu können. So gerne die Branche betont, wie sicher ihre Lebensmittel heute seien, so wenig ist sie bereit, die elenden Zustände in den Ställen wirklich zu adressieren. Weite Teile der Antworten waren reines Marketingvokabular, »Tierwohl«-Washing.

In praktisch keiner Führungsetage der Lebensmittelwirtschaft hat der Befund, dass es massenhaft und systematisch *vermeidbare* Tierqual und Tierkrankheiten gibt, offenbar zu einem Umdenken geführt: Keiner der vielen Herren und wenigen Damen steht auf und sagt öffentlich, dass sich etwas ganz Grundsätzliches ändern muss, dass es bessere Regeln braucht, die auch endlich durchgesetzt werden müssen, damit die Tiere besser leben können.

Weltmarktprimus Nestlé macht sich plötzlich klein

Die Molkerei Arla verwies auf eigene, wenig aussagekräftige Veröffentlichungen im Internet, der Milchprodukte-Gigant Danone versteckte sich hinter einer sehr allgemein gehaltenen Stellungnahme des Branchenspitzenverbandes Bund für Lebensmittelrecht und Lebensmittelkunde (BLL). FrieslandCampina betonte, dass »Tierwohl und Tiergesundheit zu den Grundpfeilern unserer Genossenschaft« gehörten, und erwähnte ein Programm, das entsprechende Indikatoren systematisch auswerte und positive Ergebnisse ebenso belohne wie Weidegang für die Milchkühe. Zott führte eine Reihe von Maßnahmen zur Verbesserung der Tiergesundheit an wie etwa ein Projekt, das bereits in der Pilotphase 40 bis 50 Prozent Antibiotikaeinsparungen und einen starken Rückgang von Eutererkrankungen bewirkt habe; man fördere außerdem die Anwendung von Homöopathie im Milchviehstall und biete Seminare mit einem Tierarzt an zum Thema »Wie führt Tiergesundheit zu mehr Wirtschaftlichkeit?«. Die Molkerei Hochland unterstrich ihre spezielle Situation mit vielen kleinbäuerlichen Lieferanten im Alpengebiet, wo etwa ein Drittel der Milchkühe noch im Stall angebunden sei; das Unternehmen warnte vor dem kurzfristigen Verbot der Anbindehaltung, weil dies zu Betriebsaufgaben führe und den Strukturwandel beschleunige.

Der Keks- und Kuchenbäcker Bahlsen teilte mit, man verzichte »bewusst und weitgehend auf den Einsatz von Rohstoffen tierischen Ursprungs mit Ausnahme von Ei- und Milchprodukten sowie Honig«. Der »Verzicht« auf Fleisch ist freilich für einen Backwarenhersteller wenig überraschend. Bahlsen gab zudem an, die Eier kämen aus »KAT-zertifizierten Betrieben aus Deutschland und den benachbarten EU-Ländern, die zudem ausschließlich aus alternativen Haltungsformen (Boden- oder Freilandhaltung) stammen. Die Einhaltung der Tierhaltungsbedingungen und eine Rückverfolgbarkeit der eingekauften Eier werden stichprobenartig bei regelmäßigen Lieferantenaudits überprüft. In diesem Zusammenhang fragen wir auch Bedingungen der Vorstufen ab, insbesondere sind das Fragen zu Fütterung, Besatzdichte und Schnabelkürzungen. Bahlsen arbeitet ausschließlich mit

Eierlieferanten zusammen, die die gesetzlichen Vorgaben des Tierschutzes vollumfänglich einhalten.« Diese Selbstverständlichkeiten betonend, schrieb Bahlsen noch, man wolle Milchprodukte in naher Zukunft ebenfalls genauer betrachten.

Bei Mondelēz (früher Kraft) will man um Nachhaltigkeit bemüht sein und teilt ausdrücklich »die Sorgen von Verbrauchern, Organisationen der Zivilgesellschaft, Regierungen und Investoren zum Wohlergehen von Nutztieren«. Deshalb arbeite man eng mit der eigenen Lieferkette zusammen, »um den Schutz und das Wohlergehen landwirtschaftlicher Nutztiere kontinuierlich zu verbessern. Tierschutz und die Gesundheit der Tiere müssen miteinander einhergehen.« Man »unterstützt« und »ermutigt« die Lieferanten, »sich in einem kontinuierlichen Verbesserungsprozess zu engagieren, um die Standards bei Qualität, Sicherheit und Wohlergehen der Tiere zu verbessern«.

Auffällig klein machte sich in seiner Antwort auf unsere Anfrage Nestlé, immerhin der Welt größter Nahrungsmittelhersteller und auch der Welt größte Molkerei[1]. Man sei sich bewusst, schrieb Nestlé in aller Bescheidenheit, »dass wir als einzelnes Unternehmen und Abnehmer von nur relativ begrenzten Mengen angesichts der komplexen, mehrstufigen Lieferketten nur bedingt Verbesserungen bei den Haltungsbedingungen für Nutztiere erreichen können«. Gleichwohl rede man mit allen, beteuerte Nestlé und verwies ansonsten – wie Danone und Rewe – auf die sehr unverbindliche Stellungnahme des Bunds für Lebensmittelrecht und Lebensmittelkunde (BLL). Darin wird im Kern behauptet, der »angemessene Umgang mit Nutztieren wie Schweinen, Rindern oder Geflügel hinsichtlich ihrer Haltungsbedingungen, Gesunderhaltung und Schlachtung« sei »ein Anliegen, das sich über alle Stufen der Wertschöpfungskette hinweg erstreckt und entscheidende Impulse aus der Verbraucherschaft erfährt«. Als Beleg dafür nennt der BLL ausschließlich freiwillige Maßnahmen und verlinkt sowohl auf die im Laufe dieses Buchs noch ausführlich dargestellte 2015 gestartete Branchen-*Initiative Tierwohl* als auch auf das Tierschutzlabel des Deutschen Tierschutzbundes und führt zudem »Freiwillige Vereinbarungen« zum Verzicht auf das Schnabelkürzen bei Legehennen und Mastputen an.[2]

Der Schlachtkonzern Westfleisch (Umsatz 2014 rund 2,5 Milliarden Euro) – dazu in diesem Kapitel später noch mehr – überraschte in seiner Antwort mit dem bizarren Vergleich, die Befunde krankhaft veränderter Organe und Körperteile an Schlachttieren seien so etwas wie »braune Stellen« bei einer Frucht.

Es sind Antworten wie diese, die klarmachen: Der überwiegende Teil der Branche denkt nicht in Tierkategorien, blendet die Lebensbedingungen der Tiere aus. Für die Unternehmen sind tierische Produkte vor allem Rohstoffe, die Qualität der Tierhaltung ist für sie ein Thema, für das in erster Linie die Landwirte zuständig sind, nicht sie selbst. Faire Tierhaltung, die sich in hoher Tiergesundheit widerspiegelt, spielt für sie auch deshalb keine Rolle, weil kein Gesetz danach verlangt. Und je entfernter die Unternehmen in der Wertschöpfungskette von den Tieren im Stall sind, umso wolkiger und formelhafter sind mitunter ihre Erklärungen. Darin werden

Begriffe wie »Tierwohl«, »artgerecht« oder »nachhaltig« wie aus dem Satzbaukasten zu immer neu klingenden und doch immer gleichermaßen unverbindlichen Sätzen zusammengepuzzelt.

Birkenhof zum Beispiel, die Fleischmarke von Kaiser's Tengelmann, deren Waren in 470 Filialen liegen,[3] schmückt seine Website mit dem offenbar unvermeidlichen Foto einer weitläufigen Wiese mit Bach am Waldrand, darauf Kühe und Schafe, betextet mit floskelhaften substanzlosen Behauptungen, die nicht näher erläutert werden: »Besonderen Wert legen wir dabei auf eine artgerechte Tierhaltung, auf optimale Hygienebedingungen (...) Wenn es ums Wohl der Tiere geht, ist die Einhaltung der gesetzlichen Vorgaben für Birkenhof durch das Fleischerethos selbstverständlich. Über die gesetzlichen Vorgaben hinaus packen wir sämtliche Themen an der Ursache an und führen jährlich Dialoge mit den Landwirten.« Die Einhaltung gesetzlicher Minimalstandards – eigentlich eine Selbstverständlichkeit – wird hier kurzerhand zum »Wohl der Tiere« umgedeutet; wie armselig diese Erklärungen sind, offenbart der Hinweis, die angeblich »artgerechte Tierhaltung« würde sichergestellt durch »gereinigte und gut belüftete Stallungen«, durch »freien Zugang zu Wassertränken«, »geschulte Transporteure mit Befähigungsausweis«, durch »die Teilnahme der Landwirte am Qualitätssicherungssystem« und durch »jährliche Schulungen der Mitarbeiter über Neuerungen.« Will Kaiser's Tengelmann ernsthaft von fairer Tierhaltung bei seinen Lieferanten sprechen, weil die Tiere dort trinken können und nicht in völlig verdreckten Ställen stehen müssen? Am Schlachthof kontrolliere man auch den Gesundheitszustand der Tiere, posaunt Birkenhof – auch dies ist eine gesetzliche Vorschrift und kein besonders erwähnenswertes Plus für die Tiere – und bleibt weitere Informationen dazu schuldig. Inhaltsärmer kann man sich zum Thema kaum auslassen.

Oder der Handelsgigant Rewe und seine Fleisch- und Wurstwaren-Eigenmarke Wilhelm Brandenburg, die jährlich mehr als 600 Millionen Euro umsetzt: Die Frage nach den Anforderungen für die Tierhaltung beantwortet das Unternehmen auf seiner Website mit dem Hinweis auf dürftige gesetzliche Vorgaben: »Grundlage für die Tierhaltung sind rechtliche Regelungen des Tierschutzgesetzes, der Tierschutz-Nutztierhaltungsverordnung sowie der Schweinehaltungsverordnung. In diesem Rahmen sind unter anderem der ordnungsgemäße Zustand der Ställe, die festgelegte Mindestfläche pro Tier, ausreichendes Vorhandensein von Wasser und Futtermitteln sowie weitere tierschutzrechtliche Aspekte vorgeschrieben. Das gesundheitliche Befinden der Tiere muss mindestens einmal täglich durch Fachpersonal überprüft werden (...)«[4] Man möchte sarkastisch zurückrufen: Dann ist ja alles in bester Ordnung.

Und wer zahlt am Ende für mehr Tiergesundheit?

Interessant sind die Antworten der Discounter Lidl, Norma und Aldi Nord, die sich in puncto Ausführlichkeit und Programmatik stark ähneln und die klare Botschaft aussenden sollen, dass man die Probleme anpacke, auch wenn keiner schreibt, was man sich die bestmögliche Gesundhaltung der

Tiere kosten lassen will – und was man den Landwirten für die erbrachten Leistungen ausbezahlt.

Aldi Nord zum Beispiel hat sich Anfang 2016 eine »Nationale Tierwohl-Einkaufspolitik« gegeben, in der sich das Unternehmen dazu bekennt, sein »Sortiment grundsätzlich unter Berücksichtigung von Tierwohl-Aspekten« zu gestalten. Dazu gehören anerkennenswerte Maßnahmen wie der Verzicht auf Produkte mit Fleisch, Daunen oder Federn aus Stopfmast und Lebendrupf. Außerdem handelt Aldi weder mit Kaninchenfleisch noch mit Wachteln und deren Eiern, auch nicht mit Aal, Hummer oder Hai. Bei verarbeiteten Lebensmitteln mit einem »wesentlichen« Ei-Anteil verzichtet man auf Ei-Produkte, die aus Käfig- bzw. Kleingruppenhaltung stammen. Von 2017 an will der Discounter nur noch Eier von Legehennen anbieten, deren Schnäbel nicht gekürzt wurden, auch Fleisch von kastrierten Schweinen soll es bei Aldi dann nicht mehr zu kaufen geben,[5] zwei Jahre bevor die betäubungslose Kastration gesetzlich verboten wird.[6] Mit den Lieferanten, schreibt Aldi, werde man verstärkt an Verbesserungen im Sinne der Tiere arbeiten, etwa beim Thema Schlachtung tragender Rinder, bei der Enthornung von Rindern und beim Schwanzkupieren von Schweinen.

Man kann solche Bekenntnisse und Selbstverpflichtungen als Beleg dafür lesen, dass es den Nutztieren nach dem Willen des Handels Schritt für Schritt bessergehen wird. Man kann solche Papiere aber auch als Diktat und Drohung an die Landwirte lesen: Denn der mächtige Einkäufer Aldi legt damit fest, welche Produktionsbedingungen für tierische Produkte er akzeptiert und welche nicht. Offensichtlich hat Aldi – anders als es andere Unternehmen in ihren Antworten darstellen – die Macht und die Reichweite, um solche Forderungen aufzustellen: »Wir formulieren Mindestanforderungen für Produkte mit tierischen Rohstoffen unter anderem in den Bereichen Haltung, Fütterung, Transport, Schlachtung und Antibiotikaeinsatz und schreiben diese Mindestanforderungen in unseren Lieferantenverträgen fest.«

So präzise die Vorgaben formuliert sind, so unbeantwortet bleibt die Frage, wer das alles bezahlen soll. Der Verzicht auf das Schnabel- und Schwanzkupieren ist leicht gefordert, aber nur mit gehörigem finanziellen und zeitlichen Aufwand zu erfüllen. Auch der geforderte Verzicht auf das Schlachten trächtiger Milchkühe, auf die Kastration männlicher Ferkel oder die Enthornung hat immense Auswirkungen für die Landwirte. Ob Aldi & Co. diese Risiken für die Landwirte bei künftigen Preisverhandlungen berücksichtigen werden?

Bis zum Beweis des Gegenteils darf das bezweifelt werden. »Mit unseren Tierwohl-Aktivitäten verfolgen wir das Ziel, das Tierwohl-Niveau über das gesetzliche Maß hinaus zu erhöhen«, formuliert Aldi und fügt einen Satz an, der den Landwirten in den Ohren klingen muss: »Dabei orientieren wir uns am wirtschaftlich (...) Machbaren.« Mutmaßlich wird für die Bauern nicht viel übrig bleiben, wenn Aldi schon in seiner offiziellen Einkaufspolitik die Spar-Rhetorik des »wirtschaftlich Machbaren« anschlägt.

Die Discounter und die anderen Händler, die Molkereien und Schlachthöfe handeln innerhalb der geltenden ökonomischen Rahmenbedingungen völlig rational: Sie verkaufen Lebensmittel, wollen möglichst viel Umsatz und Gewinn generieren und ihre Waren so billig wie möglich einkaufen. Und höhere Haltungsstandards für Tiere oder Maßnahmen für mehr Tiergesundheit sind nun mal nicht *ihr* Geschäft, sondern das der Bauern.

Ein paar Tiere weniger pro Stallfläche, ein bisschen »Beschäftigungsmaterial« hier und da gegen Verhaltensstörungen und Kannibalismus – solche Maßnahmen verteuern den Rohstoff Tier kaum. Richtig teuer wäre es jedoch, gegen die *Produktionskrankheiten* systematisch vorzugehen, dafür müsste der Tierhalter eine Vielzahl von Einflussfaktoren berücksichtigen. Das beginnt mit der intensiven Tierbeobachtung und frühzeitigen Zuwendung zu schwächeren Tieren und der konsequenten Vorbeugung von Krankheiten; hinzu kommt, dass der aus Tiersicht wünschenswerte Auslauf ins Freie den Appetit der Tiere anregt, was die Futterkosten erhöht und Risiken durch Parasiten oder – beim Geflügel – durch natürliche Fressfeinde wie Marder oder Habicht birgt; all das darf der Bauer gerne leisten, wenn er mag, nur kann er nicht mit einer adäquaten Honorierung durch die nachgelagerten Stufen für seinen Mehraufwand rechnen.

Aus sich heraus bietet das System, so wie es ist, keinerlei Anreiz, eine flächendeckende Verbesserung des Gesundheitsstatus und des Verhaltensrepertoires der Nutztiere zu erreichen. Der Preis des Rohstoffs Tier ist das alles beherrschende Kriterium, es zwingt die Landwirte seit Jahrzehnten dazu, sich als Halter und Produzenten von Supermarkttieren zu behaupten.

Kapitel 3

Die 75-Prozent-Lücke

Um das besser zu verstehen, lohnt ein Blick auf die Macht- und Verteilungsverhältnisse in der Wertschöpfungskette »vom Acker bis zum Teller«. Das Preisniveau für Nahrungsmittel liegt in Deutschland 10 Prozent über dem EU-Durchschnitt. Zum Vergleich: In Frankreich liegt es nur 8 Prozent darüber, in den Niederlanden sogar 3 Prozent unter dem EU-Durchschnitt. Deutlich teurer als in Deutschland sind Lebensmittel innerhalb der EU nur in den skandinavischen Ländern und in Österreich, deutlich billiger sind sie im Osten und Südosten. Im europäischen Vergleich geben deutsche Haushalte 13,7 Prozent ihrer Ausgaben für Lebensmittel (jeweils einschließlich Genussmittel und Tabak) aus, französische 16,9 Prozent, spanische 16,8 Prozent, italienische 18,6 Prozent und britische Haushalte 13,1 Prozent.

Von den 137 Milliarden Euro, die in Deutschland 2014 für Nahrungsmittel ausgegeben wurden, entfielen insgesamt 39 Prozent auf tierische Lebensmittel – 24 Prozent auf Fleischwaren, 15 Prozent auf Milch, Molkereiprodukte und Eier.[7] Aber wie viel von diesen Ausgaben kommt eigentlich bei den Landwirten an?

Das staatliche Thünen-Institut hat ermittelt, dass die Verkaufserlöse der Landwirtschaft seit den 1950er Jahren kontinuierlich um beinahe zwei Drittel geschrumpft sind: Waren es in den 1950er Jahren noch 62,6 Pfennig, die der Landwirt von jeder für Lebensmittel ausgegebenen Mark bekam, so waren es in den 1980er Jahren noch 44 Pfennig, um die Jahrtausendwende lag der Betrag nur noch bei 25,6 Pfennig[8] und ist seit der Einführung des Euro noch einmal auf 23,3 Cent von jedem Euro (2014) gesunken.

Bei Milch- und Milcherzeugnissen sank der Anteil, der bei den Landwirten als Erlös ankommt, seit den 1950er Jahren bis 2014 von rund 64 auf knapp 42 Prozent, bei Fleisch und Wurst von fast 67 auf ganze 24 Prozent des an der Kasse bezahlten Euro. Von jedem verkauften Ei bekommt der Landwirt heute nur noch knapp 40 Prozent des Verkaufspreises, bei den Kartoffeln sind es nur noch 14 Prozent, bei Brot und Brotgetreide keine fünf Prozent mehr.

Das bedeutet: Im Durchschnitt wandern heute über drei Viertel des Verkaufspreises von Lebensmitteln in die Taschen der Zwischenstufen, also zu den Molkereien und Schlachthöfen, zu den Weiterverarbeitern – seien sie eigentümergeführte Mittelständler oder börsennotierte Konzerne wie Unilever oder Nestlé – und schließlich in die Taschen des Lebensmittel-Einzelhandels.

Diese Entwicklung steht in scharfem Kontrast zu den moralschwangeren Appellen von Politikern und Bauernfunktionären an die Adresse der Verbraucher, doch bitte schön Lebensmittel mehr »wertzuschätzen« und zu teureren Produkten zu greifen, nur so seien die Einkommen der Landwirte und die Qualität der Tierbetreuung zu verbessern. Der Vorwurf, der geizige Verbraucher sei schuld an zu geringen Erlösen der Landwirte, gehört seit langem zum Repertoire in der Debatte. Nur: Dieser Vorwurf ist falsch, weil er die Machtverhältnisse ignoriert, die sich in den vergangenen Jahrzehnten in der Lebensmittelwirtschaft herausgebildet haben.

In seinem fast 500 Seiten starken Gutachten über die

»Wege zu einer gesellschaftlich akzeptierten Nutztierhaltung« schreibt der *Wissenschaftliche Beirat für Agrarpolitik*, dass »in Deutschland und anderen Ländern der EU der Konzentrationsgrad auf den vor- und nachgelagerten Ebenen wesentlich höher ist als auf der Ebene der eigentlichen Tierproduktion. Größenstrukturen innerhalb der Wertschöpfungskette können die Verteilung der Wertschöpfung an die einzelnen Stufen ebenso beeinflussen wie den Erfolg und die Wettbewerbsfähigkeit der beteiligten Unternehmen und der gesamten Kette.«[9]

Anders ausgedrückt: Der seit Jahrzehnten fortschreitende Konzentrationsprozess in der Branche nimmt den Bauern fortwährend die Butter vom Brot.

Konzentriertes Preisdrücken

Von den 1960 in Deutschland erfassten 2758 milchverarbeitenden Unternehmen waren im Jahr 2009 noch 193 übrig – ein Schwund von 93 Prozent in 50 Jahren. Und im internationalen Vergleich ist zumindest in der Milchindustrie noch eine Menge Luft nach oben – hin zu noch weniger, noch größeren Einheiten. Etwa so wie in der Schlachtindustrie, wo die zehn größten Unternehmen rund 75 Prozent aller Schweine verarbeiten,[10] allein die Top 3 (Tönnies, Vion und Westfleisch) beherrschen bereits rund 55 Prozent des Marktes.[11] Noch extremer ist es bei der Geflügelwirtschaft, wo die PHW-Gruppe (Wiesenhof) bereits 40 Prozent des Marktes beherrscht. Ebenfalls sehr stark ist der Lebensmittelhandel konzentriert: Die fünf größten Unternehmen (Edeka, Rewe inklusive Penny, die Schwarz-Gruppe mit Lidl und Kaufland, Aldi Nord und Süd, Metro) vereinen fast drei Viertel des Gesamtumsatzes auf sich und verfügen als Vermittler zwischen Anbieterseite und Verbrauchern über eine besonders machtvolle Stellung.

Untereinander mögen sie sich heftige Konkurrenz machen – zumindest bei sehr preissensiblen Produkten –, doch gegenüber den Erzeugern und Herstellern der Lebensmittel verfügen sie mittlerweile über eine Macht, die legendär ist. Die ist in ihrer schieren Größe begründet, aber auch in der Tatsache, dass die Verzahnung zwischen den Stufen der Wertschöpfungskette immer dichter wird. Schlachtunternehmen haben inzwischen durchgehende Verarbeitungsketten vom Lebendtier bis zum verpackten Frischfleisch, zu Wurst oder Fertigprodukten aufgebaut. Fast alle großen Handelsunternehmen haben in den vergangenen Jahren eigene Fleischwerke errichtet wie Kaufland Fleischwaren, Wilhelm Brandenburg von Rewe oder Edeka Südwest Fleisch. Und nirgends ist dieser Integrationsprozess so weit fortgeschritten wie in der Geflügelindustrie, wo etwa Marktführer PHW (Wiesenhof) mit Ausnahme der eigentlichen Mastbetriebe sämtliche Produktionsstufen selbst übernimmt: von der Aufzucht der Elterntiere über das Ausbrüten ihrer Eier bis hin zu den Schlachthöfen und der Produktion verkaufsfertig abgepackter Produkte.

Dieser geballten Marktmacht milliardenschwerer Konzerne, die immer wieder das Bundeskartellamt und die Monopolkommission auf den Plan rufen, sieht sich der einzelne Landwirt gegenüber. Im Vergleich mit ihnen ist er mehr denn je ein Zwerg, selbst wenn er den traditionellen Größenordnungen süddeutscher Kleinbäuerlichkeit längst entwachsen sein mag und selbst dann noch, wenn er einer Eigentümergemeinschaft angehört, die aus einer ehemaligen DDR-LPG hervorgegangen ist. Und weil die Konzentrationsprozesse in der Wertschöpfungskette voranschreiten, lässt die Zukunft für die Landwirte nichts Gutes erwarten. Es sei denn, man hält die Vision für wünschenswert, die manche Bauernfunktionäre hinter vorgehaltener Hand äußern: dass nämlich der Strukturwandel in der Landwirtschaft mit jener Gewalt und jenem Tempo weitergehen sollen, die schon jetzt weder vor Mensch noch Vieh haltmachen, bis schließlich Agrarproduktionsunternehmen übrig bleiben, die groß genug sind, der geballten Marktmacht auf der Abnehmerseite Paroli zu bieten.

Gab es je eine Initiative irgendeiner politischen Partei, die zum Ziel gehabt hätte, den jahrzehntelangen Zustand der Belagerung von Landwirten durch die immer mächtiger werdenden »nachgelagerten« Unternehmen auch nur graduell aufzulösen? Praktisch ungehindert können sie den Bauern die Butter vom Brot nehmen, denen ein Teil davon durch die öffentliche Hand in Form von Subventionen wieder zurückgegeben wird.

Es gehört zu den Grundpfeilern der Europäischen Union, dass einer ihrer größten Haushaltstitel mit aktuell fast 40 Prozent der Agrarhaushalt ist: 55 Milliarden Euro brachten europäische Steuerbürger allein im Jahr 2015 für die Landwirte Europas auf. Im Grunde ist dieser gigantische Betrag nichts anderes als ein Beweis für ebenso gigantisches Marktversagen: Ganz offensichtlich gelingt es der Politik nicht, dem Markt solche Regeln zu geben, dass Landwirte ohne Subventionen von den Preisen ihrer Erzeugnisse auskömmlich leben können.

Nicht auszudenken, wofür diese Steuersummen eingesetzt werden könnten, sorgte die europäische Politik dafür, dass die Erlösanteile der Bauern an ihren Produkten wieder das Niveau der 1950er Jahre erreichten. Stattdessen wird das agrarpolitische Dauerversagen mit einer Gießkannenpolitik kaschiert, die letztlich den Strukturwandel in der Landwirtschaft noch verschärft: Je mehr Flächen zu einem Betrieb gehören, desto mehr Steuergelder erhält er. Der Kleinere ist der Dumme – egal, wie gut er sein Fach versteht, egal, wie gut er mit seinen Tieren umzugehen weiß. Lenkungswirkungen im Sinne tiergerechterer Lebensbedingungen sind mit den Gießkannensubventionen jedenfalls nicht beabsichtigt.

Tierschutz nur zum Preis der Selbstausbeutung

Schafft es dieser Landwirt trotz des Preisdrucks und trotz der kümmerlichen 24-prozentigen Wertschöpfung dennoch, seine Tiere gut zu behandeln, ist das ein Glücksfall, vielleicht seiner besonderen Begabung, Ausbildung oder seinem überdurchschnittlichen Engagement geschuldet. Engagement, für das er jedoch keine angemessene Belohnung von seinen Abnehmern erwarten kann. Tierschutz ist für den Landwirt unter diesen Bedingungen gleichbedeutend mit Selbstausbeutung. Die kurzsichtige und zerstörerische Fixierung der Branche auf den Preis lässt ihm allenfalls den Spielraum, in den margenträchtigeren Bio-Markt auszuweichen, der jedoch gerade beim Fleisch lächerlich klein ist, gemessen an dem von den Medien ausgerufenen angeblichen Bio-Boom. In Wahrheit hat Bio-Fleisch einen Marktanteil von kaum einem Prozent bei Schwein und Geflügel bzw. 2 bis 3 Prozent bei Rindfleisch.

Der *Wissenschaftliche Beirat für Agrarpolitik* beschreibt die Abseitsfalle der Branche in seinem 2015er Gutachten am Beispiel der Fleischwirtschaft so treffend wie schonungslos: »Die Fleischwirtschaft in Deutschland hat in den letzten Jahren (...) wenige Strategien jenseits der Kostenführerschaft erprobt. Dies ist auch auf eine dominierende Branchenkultur zurückzuführen, die zu einer geringen Sensitivität gegenüber öffentlicher Kritik und zu einer Einengung des Entscheidungsfeldes geführt hat.« Mit anderen Worten: Mit ihrer Preisfixierung hat sich die Branche selbst isoliert und eingemauert. Es ist dies eine Absage an Qualitätswettbewerb und an Tiergesundheit. Albert Sundrum, Professor für Tierernährung und Tiergesundheit im Fachbereich Ökologische Agrarwissenschaften an der Universität Kassel, urteilt: »Produktionskrankheiten lassen sich nicht als Folge des Versagens einzelner ›schwarzer Schafe‹ unter den Landwirten kleinreden. Sie sind vielmehr Auswirkungen eines Wirtschaftssystems, das sich über die Kostenführerschaft für Rohwaren tierischer Herkunft definiert und nur über Strategien zur Senkung von Produktionskosten Chancen sieht, sich im Wettbewerb auf den globalen Märkten zu behaupten.«

Zwar sind auch die *Produktionskrankheiten* der Nutztiere ein ökonomisch relevanter Verlust für den Landwirt. Jedoch zeigten verschiedene Untersuchungen, so Sundrum, dass die deutliche Verringerung von *Produktionskrankheiten* mehr kostet als die *Produktionskrankheiten* selbst. »Produktionskrankheiten sind folglich ein systeminhärentes Problem, welches das System nicht aus sich selbst heraus lösen kann. Dazu bräuchte es Interventionen von außen.«[12] Das bedeutet: Die Krankheiten der Nutztiere sind von Anfang an einbudgetiert, das System »rechnet« mit ihnen und wird ohne gesetzlichen Zwang keinen Anlass sehen, an dieser Art der Kalkulation etwas zu verändern.

Die Folge ist eine Kostenführerschaft der deutschen Bauern, die Deutschland hinter Frankreich zum zweitstärksten Agrarland in der Europäischen Union gemacht hat. Auch wenn die deutsche Landwirtschaft mit einer Agrarproduktion von gut 51 Milliarden Euro (2014) nur 0,7 Prozent zum Bruttoinlandsprodukt beisteuert, so ist das Land der Auto- und Maschinenbauer inzwischen auch der größte Schweinefleisch- und Milchproduzent der EU, der zweitgrößte Rind-, Geflügelfleisch- und Eierproduzent.[13] Bei Milch, Käse und Fleisch von Schwein, Rind und Geflügel beläuft sich der deutsche »Selbstversorgungsgrad« inzwischen auf teils mehr als 110 Prozent des Bedarfs. Mit anderen Worten: Es herrscht ein deutliches Überangebot bei den meisten tierischen Rohwaren. Lediglich bei Eiern muss ein Drittel importiert werden.[14]

Die Tiefstpreis-Schlachten mit tierischen Produkten – bei den Discountern, aber auch an den Bedientheken der gehobenen Ketten – sind neben dem bizarr anmutenden Kampf um Marktanteile untereinander zugleich auch eine eindrückliche, brachiale Machtdemonstration gegenüber den Bauern. Denn die sitzen gemeinsam mit ihren Tieren gnadenlos in der Preisfalle fest, aus der sie ihre angeblichen Partner nicht befreien werden. Und die Verbraucher »lernen« aus alledem, dass

Fleisch, Milch und Eier in irgendeinem anderen Supermarkt immer noch ein bisschen billiger zu haben sind.

Im Nebel der Initiative Tierwohl

Dennoch begreift ein wachsender Teil der Konsumenten, dass neben den Billigpreis-Schildern auf den tierischen Produkten immer auch ein zweites unsichtbares Preisschild klebt, das den »wahren Preis« anzeigt, den Preis, den die Landwirte zahlen – und letztlich die Tiere in Form von Schmerzen, Leiden und frühzeitigem Tod – damit ihre Produkte zu Niedrigst-Kampfpreisen in den Läden liegen können. Angesichts stagnierender Absatzzahlen für Fleisch[15] – und weil man schließlich weder in der Debatte noch bei den Kunden in die Defensive geraten möchte – hat die Branche die »Gesellschaft zur Förderung des Tierwohls in der Nutztierhaltung« gegründet, die seit Anfang 2015[16] mit der *Initiative Tierwohl* von sich reden macht (nicht zu verwechseln mit der Tierwohl-Initiative des Bundeslandwirtschaftsministeriums). Hinter der *Initiative Tierwohl* stehen der Zentralverband der Deutschen Geflügelwirtschaft, der Bundesverband der Deutschen Fleischwarenindustrie und der Verband der Fleischwirtschaft, der Deutsche Bauern- und der Raiffeisenverband sowie die Handelsvereinigung für Marktwirtschaft, der die großen Handelsketten von Aldi über Edeka bis Metro und Rewe angehören.[17]

Sie alle machen jetzt in »Tierwohl«, und sie drehen das ganz große PR-Rad. Inhaltlich ist die Initiative in jeglicher Hinsicht eine Enttäuschung – für die Landwirte, für die Verbraucher, vor allem aber für die Tiere, die ja vorgeblich von ihr profitieren sollen. Wer sich die *Initiative Tierwohl* genauer anschaut, erkennt, dass kaum etwas an ihr geeignet ist, die Epidemie der *Produktionskrankheiten* und Verhaltensstörungen in den Ställen flächendeckend zu bekämpfen. Der Veterinär und Uni-Professor Albert Sundrum hat treffend darauf aufmerksam gemacht, dass es für »Tierwohl« keine klare Begriffsbestimmung gibt und es daher nicht überrascht, wenn »der einzelne Landwirt selbst bestimmt, welche Maßnahme er aus einem mit den Geldgebern abgestimmten Katalog in Abgleich mit den eigenen Interessen als Beitrag zum ›Tierwohl‹ interpretiert«. Deutlicher könne man das Ziel der Wissenschaft nach objektiven Beurteilungskriterien kaum konterkarieren.[18]

Wenn es aber nicht um Maßnahmen geht, die wissenschaftlicher Überprüfung standhalten, worum sonst kann es dann gehen als um eine Werbe- und Imagekampagne? Im Marketing-Neusprech geht die Erzählung so: Um die Situation der Tiere zu verbessern, nehmen Landwirte, die sich der Initiative freiwillig anschließen, in ihren Ställen bestimmte Veränderungen vor, die über die gesetzlichen Vorschriften hinausgehen und die sie aus einem Maßnahmenkatalog auswählen können. Besonders weit her ist es nicht unbedingt mit den Verbesserungen, aber welcher Verbraucher kann das schon beurteilen? Hähnchen- und Putenmäster beispielsweise bieten ihren Tieren etwas mehr Platz an und stellen Strohballen und Picksteine als Beschäftigungsmaterial in die Anlagen, sie verpflichten sich zu jährlichen Fortbildungen oder zu Maßnahmen zur Verbesserung der Fußballengesundheit der Vögel.[19] Auch Schweinemäster bieten ihren Tieren mindestens zehn Prozent mehr Platz an oder ständigen Zugang zu zusätzlichem

Raufutter wie Stroh, Heu oder Sonnenblumenschalen, die für Darmgesundheit sorgen wie Vollkornbrot bei Menschen;[20] die Landwirte sorgen außerdem für Tageslicht in jedem Stallabteil, unterziehen sich einem jährlichen Stallklimacheck, installieren Scheuerbürsten und schaffen Möglichkeiten für den Auslauf ins Freie.[21] Für diese Leistungen erhalten die Landwirte von der Initiative ein »Tierwohlentgelt« aus einem Fonds, den die teilnehmenden Einzelhandelsketten füllen: Für jedes im Laden verkaufte Kilo Fleisch oder Wurst von Schwein, Hähnchen oder Pute erhält der Schweinehalter vier, der Geflügelhalter zwei Cent zusätzlich zum aktuellen Marktpreis.

Eigentlich müssten die Landwirte hinter der Idee stehen, immerhin gibt es zur Abwechslung mal garantiert Geld vom Handel für erbrachte Mehrleistungen, und schließlich gehört ihre eigene Interessenvertretung, der Deutsche Bauernverband, zu den Mitbegründern der *Initiative Tierwohl*. Bei deren Vorstellung Anfang 2015 hatte der Vertreter des Bauernverbands die Initiative noch als einen »völlig neuen Weg« gepriesen, andere Mitinitiatoren hatten von einem »historischen Schritt« und »Schulterschluss« zwischen den Fleischerzeugern und dem Handel geschwärmt.[22] Doch schon wenige Monate später zeigte sich, dass der Schulterschluss herbeigeredet war, die Landwirte erkannten, dass die Initiative eine Mogelpackung zu ihren Lasten ist. »Edeka bremst Tierwohl aus!« – mit solchen Plakaten demonstrierten Bauern Ende 2015 in Rhade, Haltern, Meggen und anderen Städten vor Edeka-Märkten,[23] in Minden-Hannover fuhren sie mit 100 Traktoren protestierend vor der Edeka-Regionalzentrale vor.[24] Der Grund ihrer Wut: Gut 4700 Schweinehalter hatten sich um die Teilnahme an der *In-*

itiative Tierwohl beworben,[25] doch dann stellte sich heraus, dass der *Tierwohl*-Fonds schon bei etwa der Hälfte der Betriebe ausgeschöpft war, im Frühjahr 2016 standen rund 2300 Schweinemäster auf der Warteliste. Viele der abgewiesenen Bauern[26] hatten allerdings schon in die *Tierwohl*-Maßnahmen investiert und sind jetzt frustriert. In der »Bauernzeitung« klagte die Geschäftsführerin einer Ferkelaufzucht und Schweinemast: »Wir sind mit großen Erwartungen in die Initiative Tierwohl gestartet und haben für 12 000 Euro mehr Fenster in die Schweineställe eingebaut, zusätzliche Tränktechnik installiert und mehr Beschäftigungsmaterial zur Verfügung gestellt.« Beim Losen um die Teilnahme zog der Betrieb dann eine Niete und landete als potentieller Nachrücker in der Warteschleife.[27] Als der Discounter Lidl, der zu den Gründungsmitgliedern der *Initiative Tierwohl* gehört,[28] ein »Positionspapier für den nachhaltigen Einkauf tierischer Erzeugnisse« veröffentlichte,[29] ätze eine Landwirtin auf Facebook: »Wie wäre es denn zum Anfang mal mit bezahlen? Ich zahle als Ferkelerzeuger nämlich drauf und darf Geld mitbringen und bin bei Tierwohl auf Warteplatz 1600 irgendwas ... Tja, deswegen kaufe ich auch bei Lidl als Muttersauenhalterin nichts mehr ... Wer mir nichts gönnt, dem muss ich auch nichts vergönnen ...«[30]

Als klar wurde, dass der Fonds finanziell viel zu schwach auf der Brust ist, um alle tierwohlwilligen Landwirte zu bedienen, begann der öffentliche Streit ums Geld zwischen den Bündnispartnern, die doch angeblich den »Schulterschluss« zum Wohl der Tiere hatten demonstrieren wollen. Bereits im Vorfeld sollen die Geflügelmäster, deren geschlossene Teilnahme angeblich schon vereinbart war, von den Handelsriesen kurz vor Vertragsunterzeichnung ausgebremst worden sein. Doch nun forderten viele Bauern öffentlich sechs statt vier Cent Zuschlag fürs Kilo Fleisch, der Präsident des Deutschen Bauernverbandes, Joachim Rukwied, wünschte sich gar eine Verdreifachung von vier auf zwölf Cent pro Kilo.[31, 32] In der Fachzeitschrift »top agrar« kommentierte deren Chefredakteur, der Handel betreibe mit seiner Weigerung, mehr Geld auf den Tisch zu legen, ein »schäbiges Kalkül«, und Edeka sei der »größte Scharfmacher« von allen, offenbar habe der Marktführer den Spaß an der *Initiative Tierwohl* verloren: »Wenn das wahr ist, waren alle Beteuerungen der Edeka, für mehr Tierwohl zu sorgen, nichts als leere Versprechungen.«[33] Der Geschäftsführer der Interessengemeinschaft der Schweinehalter Deutschlands (ISN) sprang ihm bei: »Gerade eine Handelskette wie Edeka, die ständig großspurig mit Regionalität, Nachhaltigkeit, glücklichen Landwirten oder gefühlsduseligen #SuperGeil und #heimkommen Werbespots wirbt, verspielt sich mit ihrer knauserigen Haltung gegenüber echtem Tierwohl bei den Landwirten jeden Kredit.«[34]

Dabei hat der Deutsche Bauernverband selbst Schuld an dem Desaster. In dem 2013 von den Delegierten des Bauerntages verabschiedeten »Leitbild Nutztierhaltung« heißt es zwar, »(w)ir setzen auf Wissenschaft und Forschung bei der Weiterentwicklung der Tierhaltung«. Doch anstelle klarer Zielvorstellungen für tiergerechte Nutztierhaltung und deren objektive Beurteilung anhand eindeutiger Indikatoren für jeden Betrieb setzte der Bauernverband auf die Marketing-Karte »Tierwohl« und lieferte die Landwirte einmal mehr den übermächtigen Handelskonzernen aus.

Tierwohl – *zum Nachteil der Bauern*

Den Marketinggag *Tierwohl* lässt sich der Handel mit seinem *Tierwohl*-Fonds für die Jahre 2015 bis 2017 255 Millionen Euro kosten, pro Jahr also 85 Millionen Euro. Der *Wissenschaftliche Beirat für Agrarpolitik* beim Bundeslandwirtschaftsministerium hat 2015 in seinem Gutachten vorgerechnet, dass *pro Jahr* drei bis fünf Milliarden Euro erforderlich wären, um die Nutztierhaltung auf ein tierschutzrechtlich akzeptables Niveau zu heben. Daran gemessen machen die 85 Millionen Euro, die der Lebensmittelhandel jährlich fürs Tierwohl bereitstellt, 1,7 bis knapp 3 Prozent aus. Die Relation macht klar: Das Elend der Nutztiere wird mit der *Initiative Tierwohl* unmöglich beseitigt werden – und zwar völlig losgelöst von der Frage, ob das Maßnahmenpotpourri überhaupt zu messbaren Verbesserungen führen kann.

85 Millionen Euro pro Jahr dafür, dass die Landwirte ihre Tiere etwas besser halten – das ist nur gut die Hälfe dessen, was allein Rewe jährlich für Werbung ausgibt;[35] 85 Millionen Euro pro Jahr für die Landwirte – das entspricht in etwa der Summe, die der Lebensmittelhandel Monat für Monat für Werbung lockermacht.[36] 85 Millionen Euro pro Jahr für die Landwirte – das sind gemessen an den jährlich rund 65 Milliarden Euro, die in Deutschland mit den Tieren, ihrem Fleisch und ihrer Milch umgesetzt werden, 0,13 Prozent. Mit anderen Worten: Der deutsche Lebensmitteleinzelhandel, der jedes Jahr die beeindruckende Summe von 1,1 Milliarden Euro für Werbung ausgibt, leistet sich einen Mini-Sonderwerbeetat, um sich in der Tierschutzdebatte selbst aus der Schusslinie zu nehmen.

Mit einer Strategie, die auf eine Wende in der Nutztierhaltung zielt, hat das rein gar nichts zu tun. Zu Recht haben die einzelnen Landwirte deshalb den Eindruck, dass sie mit der *Initiative Tierwohl* nur mit einem kleinen Beitrag abgespeist werden, damit einige wenige von ihnen ins Schaufenster gestellt werden können: Die Verbraucher sollen Fleisch kaufen im Glauben, für die Tiere in *allen* Ställen würde jetzt endlich genügend getan; und sie sollen ihren Einkauf kurioserweise ausgerechnet bei denjenigen tätigen, die zur gleichen Zeit Fleisch, Wurst, Milch und Milchprodukte im Konkurrenzkampf untereinander zu Billigstpreisen verramschen.

Vollends entzaubert werden die 85 Millionen Euro, wenn man sich die Marktmacht der preisaggressiven Handelskonzerne vergegenwärtigt. Die an der *Initiative Tierwohl* beteiligten Lebensmittelhändler repräsentieren rund 85 Prozent der Branche. Mit von der Partie sind Aldi Süd und Aldi Nord, Edeka, Kaufland, Kaiser's Tengelmann, Lidl, Netto, Penny, Real, Rewe und Wasgau.[37]

Dieses Nachfrage-Oligopol hat etwa im Milchgeschäft die Macht, niedrige Preise bei den Molkereien durchzudrücken, von denen wiederum ganze zehn Unternehmen fast den gesamten Milchmarkt beherrschen und den Preisdruck der Händler an die Bauern weiterreichen.[38] Die Macht des Handels – und der großen Schlachthöfe – bekommen auch die Schweinemäster zu spüren. Jüngstes Beispiel ist die Ankündigung großer Handelsunternehmen wie Rewe, Edeka Südwest, Aldi Nord und Aldi Süd,[39] von 2017 an kein Fleisch mehr von betäubungslos kastrierten Schweinen zu verkaufen, und das zwei Jahre vor dem gesetzlichen Verbot; derzeit werden jedes Jahr mehr als 20 Millionen männliche Ferkel bei vollem Bewusstsein kastriert,[40] um so den typischen Ebergeruch zu vermeiden, den Konsumenten nicht mögen. Das finanzielle Risiko, Alternativen zur betäubungslosen Kastration zu entwickeln – durch Ebermast, Impfung gegen Ebergeruch oder Kastration mit Schmerzbehandlung –, wälzen die Handelsunternehmen nun einfach auf die Schweinemäster ab, von denen schon jetzt viele ums Überleben kämpfen.

Ihre Abhängigkeit von den milliardenschweren Multis ist eklatant, die Bauern müssen die Preise akzeptieren, die ihnen diktiert werden. 2014 bewegten sich die Auszahlungspreise für Schlachtschweine zunächst zwischen 1,50 und 1,75 Euro pro Kilo und sanken dann zum Jahresende 2014 auf etwa 1,30 Euro. Auf diesem Niveau lag der Preis auch zum Start der *Initiative Tierwohl* Anfang 2015 und bewegte sich fast das ganze Jahr über deutlich unter dem Niveau von 2014.[41] Auch Anfang 2016 lag der Kilo-Auszahlungspreis noch unter 1,30 Euro. Das zusätzliche *Tierwohl*-Entgelt von vier Cent pro Kilo, das der Handel seit 2015 an die *Tierwohl*-Landwirte auszahlt, hat er durch den allgemeinen Preisverfall von Schweinefleisch damit längst wieder »eingespielt.« Das heißt: Der Marketinggag *Tierwohl* kostet den Handel im ersten Jahr angesichts derzeit verfallender Fleischpreise unter dem Strich: nichts.

Der ahnungslose Verbraucher

Mit den Verbrauchern verhandeln die Handelsriesen gar nicht erst. Getreu dem Motto »Vogel friss oder stirb« verkündet die *Initiative Tierwohl* großspurig: »Durch die Teilnahme des Lebensmitteleinzelhandels an der *Initiative Tierwohl* kann der Verbraucher mit seiner Kaufentscheidung konkret zu mehr Tierwohl beitragen und ist aktiv in den Prozess eingebunden.«[42] Wenn das kein Supersonderangebot ist! Selbst wenn nur ein Bruchteil des Fleischangebots überhaupt aus Ställen stammen *kann*, die am *Tierwohl*-T(r)opf hängen, macht angeblich jeder Griff ins Kühlregal alle Tiere ein bisschen glücklicher. So bleibt das wirtschaftlich so erfolgreiche Verfahren bestehen, tierische Produkte aus einem Überangebot möglichst billiger Rohware einzukaufen und in einer Art Blackbox zu Lebensmitteln zu verwandeln, die dann mit fast beliebigen Versprechen und Werbebotschaften – neuerdings eben *Tierwohl* – verkauft werden können. Das Geschäft mit der nicht unterscheidbaren Massenware wird durch das allgemeine *Tierwohl*-Versprechen sogar noch lukrativer. Denn 75 Prozent des Verkaufspreises bleiben weiterhin bei Handel und Fleischwirtschaft hängen. Und wenn man bei den Verbrauchern für ein generelles *Tierwohl*-Versprechen höhere Preise durchsetzen kann, steigt die Rendite – die maximal vier Cent je verkauftem Kilo Fleisch werden so locker hereingespielt.

Überall in der Wohlfühlwelt Supermarkt scheint so die Sonne dank *Tierwohl* noch ein bisschen heller. Womöglich sogar ein bisschen zu hell, gleißend, blendend. Denn man erfährt ja weder irgendetwas Belastbares über die tatsächlichen positiven Auswirkungen der *Tierwohl*-Maßnahmen auf die Tiere selbst, also ihren Gesundheitsstatus und ihre Verhaltensweisen, noch kann man solcherart erzeugte Ware gezielt auswählen. Solange die Wohlfühl-Marketingexperten weder die Wirkungsnachweise erbracht noch für eine hundertprozentige

Marktabdeckung in den jeweiligen Warensegmenten (derzeit nur Schweine- und Geflügelfleisch) gesorgt haben, verdient die ganze *Initiative Tierwohl* deshalb aus Verbrauchersicht nur eines: das Siegel »Verbrauchertäuschung« – und zwar auf der ganzen Linie.

Und was bringt Tierwohl *den Tieren?*

Die Leidtragenden ganz am Anfang der Kette sind deshalb zwangsläufig die Nutztiere, denen die *Initiative Tierwohl* viel verspricht, aber so gut wie nichts tatsächlich bringt. Zum einen, weil ohnehin nur ein verschwindend kleiner Teil der Mastschweine und nur knapp die Hälfte des Mastgeflügels in den Genuss der Maßnahmen kommen. Zum anderen, weil der Katalog an »Grundanforderungen« und »Wahlpflichtkriterien« für die Tierhalter zwar an manchen Stellen etwas über die gesetzlichen Standards hinausgeht, aber dennoch keine nachhaltigen Verbesserungen bei den *Produktionskrankheiten* und Verhaltensstörungen der Tiere gewährleisten kann.

Deutschland nimmt bei den gesetzlichen Vorgaben für Tierschutz laut *Wissenschaftlichem Beirat für Agrarpolitik* »innerhalb Europas entgegen der allgemeinen Annahme keine Vorreiterposition ein, sondern befindet sich im gehobenen Mittelfeld«.[43] Da dürften die von der *Initiative Tierwohl* gezahlten Kompensationen an Schweinemäster für »Grundanforderungen« wie Stallklima- und Tränkewassercheck mit jährlich 500 Euro vermutlich nur für marginale Veränderungen ausreichen.[44] Zusätzlich müssen die Mäster ihren Schweinen *entweder* mindestens zehn Prozent mehr Platz bieten – für ein

90 bis 100 Kilogramm schweres Mastschwein bedeutet das eine »Verbesserung« von der Größe eines Aktendeckels – *oder* ihnen Raufutter anbieten, mit dem sich die Tiere beschäftigen können.[45] Ergreifen die Halter weitere Maßnahmen wie zusätzlichen Auslauf oder eine Liegefläche mit weicher Unterlage, erhöhen sich ihre Prämien. Ferkel ohne Betäubung zu kastrieren bleibt weiter erlaubt.[46]

Bei den Maßnahmen der Initiative handle es sich um einen »bunten Strauß von Kriterien, die der Landwirt irgendwie im Stall zusammenstellen kann, um irgendwie mehr Tierwohl zu erreichen«, beklagte der Präsident des Deutschen Tierschutzbundes, Thomas Schröder.[47] Das entscheidende Wort in dieser völlig berechtigten Kritik ist »irgendwie«. Denn wie ließe sich nachweisen, dass es einem Mastschwein bessergeht, weil sein Platz um die Größe eines Aktendeckels gewachsen ist oder weil es plötzlich Strohhalme aus einem Eimer zupfen darf? Stünden bei der *Initiative Tierwohl* die gesundheitlichen Probleme der Nutztiere im Fokus, es würde augenscheinlich, dass die Ursachen der meisten *Produktionskrankheiten* nur durch eine kostenträchtige und arbeitsaufwendige Änderung der Lebensbedingungen der Tiere beseitigt werden können. Dies würde in vielen Betrieben zwangsläufig die Produktionskosten in einem Maße erhöhen, das die Auszahlungen der *Initiative Tierwohl* lächerlich erscheinen ließe.

Die ganze Wolkigkeit der Initiative und ihrer angeblich tierwohlsteigernden Maßnahmen offenbarte Bauernverbandspräsident Joachim Rukwied. Um eine Bilanz nach einem Jahr *Initiative Tierwohl* gebeten, sagte Rukwied in der ARD: »Die Bilanz ist positiv, messbar ist das jetzt mit Zahlen oder Messgeräten nicht wirklich. Aber wenn ich einem Schwein ein Spielgerät anbiete und sehe dann, dass es sich damit beschäftigt und Freude daran hat, dann gehen wir als Bauern davon aus, dass es dem Wohl des Tieres zugutekommt.«[48] Ähnlich versuchte es der Geschäftsführer der Interessengemeinschaft der Schweinehalter: »Wenn Sie Ihrer Katze zu Hause einen Kratzbaum kaufen, weil Sie ihr etwas Gutes tun wollen, dann sind Sie sich zwar ziemlich sicher, dass ihr das gefällt. Dieses zusätzliche Wohlbefinden der Katze aber nun in einer Zahl auszudrücken ist alles andere als leicht. Wie wollen Sie das messen? An der Länge der Krallen oder an der Tiefe der Kratzer? Sicher können Sie zunächst nur sehen, ob der Kratzbaum vorhanden ist und ob er von der Katze bearbeitet wird (...)«[49]

Bauernpräsident Rukwied und sein Funktionärskollege plädieren damit für ein irgendwie gefühltes, nicht zu überprüfendes Marketing-Tierwohl. Sie tun dies, um zu verhindern, dass die tatsächlich objektiv mess- und bewertbaren Dimensionen Tiergesundheit und Tierverhalten zum Maßstab der Wirksamkeit von Tierschutzmaßnahmen werden. Der Uni-Professor Albert Sundrum merkt dazu an, dass sich der Deutsche Bauernverband »auf der einen Seite zu Recht über den Einsatz des Kampfbegriffes ›Massentierhaltung‹ beschwert, auf der anderen Seite jedoch mit ›Tierwohl‹ einen ebenso nebulösen Begriff mit Wohlfühl-Konnotation einführt, der bestehende Missstände verhüllen und relativieren soll«.[50]

Kapitel 3

Fakten statt Wohlfühl-Lyrik

Dabei gibt es probate Mittel, um die Gesundheit der Tiere zu beurteilen. Dazu gehört zum einen die in der Milchkuhhaltung routinemäßig angewandte, hochentwickelte amtliche Untersuchung der Milchzusammensetzung und -qualität, zum anderen die in den Schlachthöfen vorgeschriebene amtliche Schlachtkörper- und Fleischuntersuchung für Rinder, Schweine, Geflügel und andere Tierarten. Die Daten in den Schlachthöfen werden zwar vor allem erhoben, um die Genusstauglichkeit des Fleisches zu bestimmen, dienen also dem gesundheitlichen Verbraucherschutz. Sie erlauben aber, auch wertvolle Aussagen über die Gesundheit der Tiere zu ihren Lebzeiten im Stall zu machen. Mit diesen Daten ließen sich Missstände in jedem einzelnen Stall identifizieren und Maßnahmen zur Abhilfe entwickeln. Doch diese Möglichkeit wird nur auf der privatwirtschaftlichen Ebene einzelner, meist großer Schlachthöfe genutzt, die ihr jeweils eigenes System entwickelt haben, wie sie Daten erheben und an die Tierhalter zurückmelden. Ein national einheitliches Monitoring für alle Tierarten gibt es bis heute nicht. Dabei wäre dies wie wenige andere Instrumente geeignet, den tatsächlichen Status der Tiergesundheit flächendeckend und gleichzeitig betriebsgenau zu erfassen, objektive Vergleichsmaßstäbe zwischen den Betrieben herzustellen und anhand eines konsequenten Benchmarkings, also eines Vergleichs der einzelnen Betriebe, Schwachstellen individuell abzustellen und die Qualität der Tierhaltung insgesamt zu erhöhen.

Auch beim Thema Schlachtbefunde stößt man auf das altbekannte Problem, dass dort, wo sich die Politik vor klaren gesetzlichen Vorgaben scheut, der gesellschaftlich gewünschte Fortschritt nicht eintritt. Das zeigt das Beispiel von Vion, einem der drei großen Schlachtkonzerne in Deutschland neben Tönnies und Westfleisch. In den Niederlanden arbeitet Vion seit mehr als fünf Jahren mit dem niederländischen Tierschutzbund und inzwischen 200 Landwirten im »Beter Leven«-Programm zusammen, führende Lebensmittelketten verkaufen dort inzwischen sogar ausschließlich »Beter Leven«-Fleisch im Ein-, Zwei- oder Drei-Sterne-Standard der Tierschützer. Als »weltweit erstes Schlachtunternehmen«, so rühmt sich der Konzern in seiner Antwort auf unsere Anfrage, veröffentliche man in den Niederlanden seit 2014 die Schlachtbefunde quartalsweise im Internet. Diese Art von Transparenz ist zwar immer noch weit entfernt von der notwendigen Differenzierung und Detaillierung, um die Lebensbedingungen und den Gesundheitsstatus aller Nutztiere zu verbessern – aber es ist ein erster Schritt in die richtige Richtung. Die Frage ist freilich, warum es den Schlachthöfen überlassen bleiben soll zu entscheiden, ob überhaupt und in welchem Land sie welche Daten in welcher Güte und in welchen Zeiträumen veröffentlichen. In Deutschland ist der Tierschutz als Staatsziel verankert, die verpflichtende flächendeckende Erfassung, Auswertung und Veröffentlichung von Schlachtbefunden zu Vergleichszwecken wäre ein geeignetes Instrument, diesem Staatsziel näher zu kommen. Stattdessen gibt der Gesetzgeber den Unternehmen jeglichen Raum, dieses Ziel nach eigenem Gusto zu verfolgen.

Vion schlachtet in Deutschland etwa neun Millionen Schweine im Jahr, darunter waren in der Startphase etwa

40 000 Tiere (ein halbes Prozent), die nach den Kriterien des vom Deutschen Tierschutzbund vergebenen Labels aufgezogen wurden: In den Ställen von zu Beginn 15 und jetzt noch fünf Vion-Lieferanten haben die Mastschweine doppelt so viel Platz und zusätzliches Beschäftigungsmaterial, es wird auf die vorbeugende Antibiotikagabe und auf den Einsatz von Reserveantibiotika verzichtet, die Schweine werden weder betäubungslos kastriert, noch werden ihre Ringelschwänze und Zähne gekürzt. Ob die Tiere in den ausgesuchten Demonstrationsbetrieben deswegen gesünder sind als die allermeisten anderen, die weiterhin unter den üblichen Bedingungen leben müssen, bleibt für Außenstehende allerdings bislang unklar. Insgesamt jedenfalls, so teilt Vion auf unsere Nachfrage mit, würden in den eigenen Schlachtstätten Befunde, die auf durchlittene Erkrankungen hinweisen, in etwa so häufig diagnostiziert, wie aus der wissenschaftlichen Literatur bekannt sei. Bei krankhaft veränderten Lebern zum Beispiel liegen die Werte bei Vion zwischen fünf und zehn Prozent, bei den Lungen zwischen fünf und 20 Prozent.

Im Vion-Schlachthof in Emstek nahe Cloppenburg, im Herzland der deutschen Schweinemast, werden an sechs Wochentagen ausschließlich Schweine aus Deutschland geschlachtet. Kaum ein Schwein, das hier getötet wird, wurde länger als zwei Stunden im Lkw transportiert, erklären der Direktor Qualitätssicherung, der Tierarzt Gereon Schulze Althoff und der Direktor Landwirtschaft, Heinz Schweer, bei unserem Besuch. Wenn die Tiere am Schlachthof ankommen, treibt ein Arbeiter sie mit einem rasselnden Gummipaddel vom Lkw – er könnte sanfter zu Werke gehen, verursacht unnötig Stress für die Tiere. Die Schweine trippeln die angeraute stählerne Ladebordwand herunter, rutschen, grätschen – eines humpelt sichtbar auf dem linken Hinterbein. Nach und nach entleert sich der Lkw, alle Tiere stehen inzwischen ruhig in einer betonierten Wartebucht, wo ein Veterinär die »Schlachttieruntersuchung« durchführt, die sich im Kern darauf beschränkt, festzustellen ob die Tiere bei der Ankunft im Schlachthof sich in einem äußerlich unauffälligen »normalen« Zustand befinden.

Dann werden die Schweine relativ langsam und auffallend ruhig in labyrinthisch anmutende Treibgänge geleitet und in immer kleinere Gruppen unterteilt. Am Ende der Treibgänge öffnet sich eine Tür zu einer Betäubungsbox, Gondel genannt, die sieben Schweine aufnimmt. Die Tür schließt sich für 150 Sekunden, Kohlendioxid strömt ein, während die Gondel in die Tiefe fährt. Die ersten 20 Sekunden quieken die Schweine, sie leiden offenkundig unter Erstickungsangst. Dann wird es still. Unten angelangt, werden die tief betäubten Tiere von Arbeitern herausgezogen und mit gespreizten Hinterbeinen an Bügeln aufgehängt. Es folgt der Entblutungsschnitt an der Halsschlagader, das Blut fließt aus den Tieren, dann sind sie tot. Es ist eine Hightech-Tötungsmaschine, die hier am Werk ist, die den Stand der Technik repräsentiert – und im Vergleich zu älteren Anlagen tatsächlich tierschonender funktioniert.

Es ist so banal wie unausweichlich: ohne Tötung kein Fleisch.

Nach dem Entbluten werden die leblosen Körper gebrüht und abgeflammt, um die Borsten aus der Haut zu lösen, dann folgt ein als »Polieren« bezeichneter Arbeitsschritt, der die Schlachtkörper durch eine Art Waschstraße führt, um sämtliche Borstenreste abzuwaschen. Damit endet der »unreine« Teil des Schlachtvorgangs, aus dem toten Tier wird nun ein noch zu teilendes und auf seine Genusstauglichkeit zu untersuchendes Lebensmittel. Ein Roboter schneidet zwischen Kopf und Rumpf, so dass der Kopf gerade noch von der nicht durchtrennten Nackenhaut gehalten wird. Die ganzen Köpfe werden, wie wir erfahren, ebenso wie die Füße und Ringelschwänze nach China verkauft, wo sie als Delikatessen geschätzt werden. Dies sei, erklärt Vion-Direktor Schweer, im Wesentlichen der Exportanteil des Schweineschlachtkörpers ins außereuropäische Ausland.

Nachdem die Wirbelsäule auf ganzer Länge durchtrennt wurde, entstehen zwei Schweinehälften, das Schlachtband läuft nun getrennt: rechts die ausgeweideten rechten und linken Hälften der Schweine, links eine Wanne mit Gedärm und am Haken Lunge, Herz, Leber und Gallenblase. Die Fuhre bewegt sich auf eine Plattform zu, auf der amtliche Tierärzte und Fleischkontrolleure die Schlachtkörperuntersuchung an beiden Hälften synchron durchführen. Vor jedem Kontrolleur befindet sich ein Computerdisplay. Vion führt eine Datenbank, in der die Schlachtbefunde vorheriger Lieferungen betriebsgenau erfasst werden. Gab es Auffälligkeiten oder Befundhäufungen, oder waren frühere Schlachtungen aus dem anliefernden Betrieb in Ordnung? So kann man die angelieferten Schweine schon bei der Ankunft am Schlachthof in Risikoklassen einsortieren. Und alle diese Informationen werden in das Vion-System eingepflegt und nun synchron mit der Ankunft der Schlachtkörper bei der amtlichen Fleischbeschau dem Kontrollpersonal auf entsprechende Displays geladen. Die Kontrolleure am rechten Band markieren Auffälligkeiten an den Schlachtkörperhälften mit Farbe. So hat etwa ein Tier verklebte Organe, die im Schlachtkörper verbleiben. Ein Veterinär beurteilt abschließend den Schweregrad der zuvor markierten Auffälligkeiten an den Schlachtkörpern und gibt seine Beurteilungen schließlich in das Computersystem ein. Die Fleischkontrolleure auf der linken Bandseite, an denen die Organe vorbeischweben, betasten und werfen auffällige Lungen und Lebern in Sammelbehälter. Alle Gallenblasen werden abgetrennt und für die Pharmaindustrie zur Seite gelegt. Herzbeutel schneidet man nur im Verdachtsfall an. Alle Befunde werden ebenfalls sofort ins Computersystem eingegeben. So gewinnt man Daten über den Zustand von Lungen, Herzbeuteln, Brustfell, Lebern, auch über die äußere Haut nebst möglichen Entzündungen oder Verletzungen, über Gelenke und Füße. Automatisch werden alle Befunde für jeden Schlachtkörper dem Gesamtdatensatz des jeweiligen Herkunftsbetriebs hinzugefügt. So aktualisiert Vion das »Risikoprofil« für *Produktionskrankheiten* bei jedem Schlachtvorgang immer wieder betriebsgenau.

Die Vion-Direktoren halten das hier praktizierte System der Schlachttier- und Fleischuntersuchung für aussagefähiger als zu früheren Zeiten, als die Organe und Lymphknoten aller Schweine durch entsprechende fachkundige Schnitte kontrolliert werden mussten. Die routinemäßigen Anschnitte bei jedem Tier wurden von der EU vor einigen Jahren abgeschafft. Verdachtstiere werden weiterhin ausführlich untersucht. Bei Vion ist man erkennbar stolz auf das eigene System zur Unterstützung der amtlichen Fleischuntersuchung, das über die neuen gesetzlichen Vorschriften hinausgeht: Man erhebt Daten, entnimmt stichprobenweise je nach betrieblicher Risikoeinstufung Restblut aus einzelnen Schlachtkörpern und untersucht diese im Labor auf eine ganze Reihe von Infektionskrankheiten und weitere für die Tiergesundheit aussagekräftige Parameter. Laut Vion werden die Daten den zuständigen Veterinärämtern vollständig zur Verfügung gestellt. Gesetzlich vorgeschrieben sind diese Untersuchungsschritte jedoch nicht – weder für mehr Verbrauchersicherheit noch für die Analyse und Verbesserung der Tiergesundheit in den Herkunftsbetrieben. »Risikoorientierte Fleischuntersuchung« nennt Vion das, und Dr. Schulze Althoff erläutert, dass dadurch »eine ganze Menge objektiver Daten über den tatsächlichen Gesundheitszustand der Tiere erhoben« werde, die Vion zwecks Auswertung der gesamten Befunddaten betriebsgenau an die Landwirte zurückspielt. Das sei ein Schritt in Richtung der Nutzung von Schlachthofbefunden für eine verbesserte Tiergesundheit in den Betrieben.

Zwar sind Schlachthöfe grundsätzlich verpflichtet, bestimmte Befunde an die Bauern zurückzuspielen, das Potential dieses Instruments für ein systematisches Gesundheitsmonitoring bei den Tieren und die Bekämpfung von vermeidbaren *Produktionskrankheiten* sei aber noch längst nicht ausgeschöpft, findet Gereon Schulze Althoff. »Richtig sinnvoll sind die Blutuntersuchungen erst dann, wenn sie an allen deutschen Schlachthöfen in gleicher Weise durchgeführt werden. Wir würden uns freuen, wenn sich auch die anderen Unternehmen unserem System anschließen.« Auch habe die Befunderhebung insgesamt noch Schwächen, die Ergebnisse variierten von Schlachthof zu Schlachthof, und überhaupt werde der Aufwand, den Vion treibe, bisher nicht bezahlt.

Nach abgeschlossener Schlachtung werden die Schlachtkörperhälften intensiv gekühlt und anschließend systematisch zerlegt. Es ist ein ausgeklügelter Prozess, bei dem neben einem hohen Grad an Automation viel routinierte Handarbeit erforderlich ist. Am Ende hängen ganze Trauben von Schinken verschiedener Größe von der Decke, liegen Kotelettabschnitte und konfektionierte Lenden vor allem für die deutschen Verbraucher in verschiedenen Plastikbehältern. Füße, Köpfe und Schwänze werden mit dem Bestimmungsziel China in Kartons verpackt und tiefgefroren in Container verladen.

Beim Schlachtprozess hat sich in den vergangenen Jahren einiges in Sachen Tierschutz verbessert, bei der Tierhaltung selbst gilt jedoch auch für Vion: Man unterstützt hier und dort durchaus anerkennenswerte Projekte, die beweisen, dass eine bessere Art der Tierhaltung möglich ist; in ihrer Begrenztheit zeigen alle diese Projekte aber zugleich, dass in der Schweinehaltung zu 99 Prozent weiterhin *business as usual* betrieben wird. Systemverändernde Kraft, die für die Tiergesundheit in den Ställen notwendig wäre, kann keines der Projekte entfalten.

Vielleicht können die großen Player das ohne äußeren Druck auch gar nicht wollen, weil sie viel zu sehr profitieren vom bestehenden System, dessen Probleme sie zwangsläufig kleinreden müssen. So wie der Vion-Konkurrent Westfleisch, der in seiner Antwort auf unsere Anfrage die Krankheitsbefunde an Schlachttieren mit »braunen Stellen« an Früchten verglich. Westfleisch warnte deshalb davor, Schlachthofbefunddaten öffentlich zu machen, dadurch würde man die »Verbraucher viel mehr verunsichern als aufklären«. Die mitschwingende These ›befundfrei = gesund‹ und der sich aufdrängende Umkehrschluss ›mit Befund = ungesund/schlecht‹ sei schlichtweg falsch. »Ein Befund ist per se nichts Schlechtes, sondern zeigt nur, dass kluge Detektionssysteme funktionieren und daraus Möglichkeiten zur Beratung und Verbesserung von Haltungsbedingungen erwachsen. Die Qualität des hochwertigen Lebensmittels wird dadurch nicht beeinflusst – ähnlich wie bei einer Frucht, die eine ›braune Stelle‹ hat. Nach deren Entfernung spricht nichts gegen deren ungetrübten Verzehr und Genuss.«

Auch wenn es völlig unstreitig ist, dass Muskelfleisch von Schweinen nach dem Entfernen krankhaft veränderter innerer Organe lebensmittelhygienisch unbedenklich ist, so mutet dieser Hinweis zu den weitverbreiteten *Produktionskrankheiten* der Nutztiere mehr als befremdlich an: Westfleisch bekennt sich in seiner ausführlichen Stellungnahme an uns zwar ausdrücklich zu dem elementaren Prinzip des Freiseins von Schmerz, Krankheit und Verletzung. Dennoch vergleicht das Unternehmen den mit den pathologisch-anatomischen Organbefunden erbrachten Nachweis des Durchleidens womöglich schwerwiegender Krankheitsphasen eines Säugetieres mit Druckstellen auf einem Apfel. Bei allem Verständnis für die Sorge der Fleischindustrie, dass ihre Bemühungen um bessere Lebensbedingungen der Tiere nicht hinreichend gewürdigt werden – ein derartiger Vergleich ist nichts anderes als der Versuch, das Ausmaß von produktionsbedingten Erkrankungen der Nutztiere zu verharmlosen und die bisherige

Praxis der stillschweigenden und unterschiedslosen Vermarktung von Fleisch als »alternativlos« darzustellen.

So versteckt man objektive Tierschutzprobleme unter dem Deckmantel lebensmittelrechtlicher Unbedenklichkeit. Solche Ausführungen machen auch deutlich, wie weit der Weg noch ist, den die Branche zurücklegen muss, damit sie ihren Teil der Verantwortung für die bestmögliche Gesundhaltung aller Schlachttiere leistet.

Am deutlichsten wird dies jedoch durch die Politik von Branchenprimus Tönnies, der einfach gar nicht auf Anfragen reagiert.

Die Initiative Feigenblatt

Auch die *Initiative Tierwohl* stellt das herrschende System der Erzeugung tierischer Produkte nicht in Frage, obwohl es den fairen Umgang mit Nutztieren – von vereinzelten Glücksfällen abgesehen – nahezu unmöglich macht. Weil das nicht mehr zu übersehen ist, räumt die Initiative einige »Probleme« hier und dort ein und präsentiert als Lösungen letztlich punktuelle kosmetische Maßnahmen. Im Streit um die Finanzierung des *Tierwohl*-Fonds lehnte der Handelsriese Edeka die Forderung der Landwirte nach mehr Geld mit der Begründung ab, die Prämien seien vertraglich an eine transparente Erfolgsmessung durch einen »Tierwohlindex« geknüpft, doch dieser Tierwohlindex würde von der Landwirtschaft und den Schlachtunternehmen verzögert. »Edeka ist bereit, auch eine Mehrzahlung des Handels in Betracht zu ziehen, wenn die Wirksamkeit der bisher eingeleiteten Maßnahmen belegbar ist.«[51] Dabei ist ziemlich klar, dass es den Landwirten und ihren Verbänden kaum gelingen dürfte, die Wirksamkeit ihrer dürftigen *Tierwohl*-Maßnahmen wissenschaftlich zu belegen. Das Geschehen in den Ställen ist komplex, es gibt eine Vielzahl von Einflussgrößen, und die Situation in jedem Betrieb ist anders. Deshalb muss auch jeder Betrieb individuell betrachtet und an objektiven Kriterien gemessen werden. Auch wenn es wie eine Binsenweisheit klingt: Nur wenn man klare Ziele für die Gesundhaltung der Tiere vorgibt, kann man deren Erreichung graduell anhand erfassbarer Indikatoren messen. Ein paar Quadratzentimeter mehr Stallfläche, ein Hanfseil zum Spielen hier oder ein Pickblock zum Schnäbelwetzen dort mögen im Einzelfall Verbesserungen für den Lebensalltag der Tiere darstellen. Doch das Elend, das sich in Verhaltensstörungen, Kannibalismus, Lungenentzündungen, Leberschäden, Herz-Kreislauf-Erkrankungen oder Fußverletzungen ausdrückt, dieses Elend wird man mit den genannten Maßnahmen weder nachprüfbar noch dauerhaft lindern können. Zwischen den vielen Parametern im Stall – vom Futter über die Erregerdichte und die Genetik bis zum Management – gibt es viele Korrelationen, aber es ist wissenschaftlich extrem anspruchsvoll, eindeutige Ursache-Wirkungs-Zusammenhänge nachzuweisen. Mit gefühligen Tierwohl-Begriffen ist das schon gar nicht zu leisten, sondern nur mit nachprüfbaren Daten über die Tiergesundheit und das Tierverhalten. Sie sind die einzig validen Hinweise darauf, ob Tiere fair, das heißt tiergerecht, gehalten werden.

Dessen völlig ungeachtet, ruft sich der Branchenzweite im Lebensmittelhandel schon jetzt zum großen Nutztierschützer aus – und gibt damit eine Kostprobe davon ab, wie sich die Handelskonzerne über kurz oder lang mit schamloser Wohlfühl-Rhetorik selber loben werden: »Wie wird man eigentlich Vorreiter beim Tierwohl?«, fragt der Handelskonzern Rewe in einer Broschüre und gibt sich selbst die Antwort: »Zum Beispiel, indem man sich mit starken Partnern wie Unternehmen und Verbänden zusammenschließt – und als Gründungsmitglied der *Initiative Tierwohl* eine tiergerechtere und nachhaltigere Fleischerzeugung unterstützt.«[52] Der dominierende Farbton der Broschüre mit dem Titel »11 Antworten zu Ihrem bewussteren Einkauf« ist grün. Viele Texte darin sind grün, auch gezeichnete Würste, Eier und Butter, grün sind die Silhouetten von Schweinen, Hühnern, Puten und Fischen und natürlich die Bäume und diversen Obst- und Gemüsesorten. Was fehlt, ist ein grünes Feigenblatt. Es müsste ganz groß auf der ersten Seite stehen und wäre das beste Symbol für die *Initiative Tierwohl*.

Das einzig Gute an der *Initiative Tierwohl* ist, dass die Handelskonzerne damit die Probleme in der Nutztierhaltung grundsätzlich zugeben – zu ihrer Lösung tragen sie so gut wie nichts bei. Mit vier oder auch ein paar Cent mehr pro Kilo Fleisch ist die überfällige Wende in der Tierhaltung nicht zu schaffen. Natürlich ist es zu viel von der Branche verlangt, von sich aus einzugestehen, dass sie den Bauern einen größeren Teil jener Wertschöpfung zurückgeben muss, die sie ihnen in den vergangenen Jahrzehnten abgenommen hat.

Doch den PR-Gag *Initiative Tierwohl* kann und darf man ihr nicht durchgehen lassen. Die Zielvorgabe muss sein, dass alle Nutztiere, und nicht nur einzelne, tiergerecht gehalten werden, dass keines von ihnen die Last des Preiskampfes auf dem Lebensmittelmarkt tragen muss. Die *Initiative Tierwohl* kann und will in Wahrheit diesen Anspruch nicht erfüllen. Statt freiwilliger Minimalprojekte bedarf es deshalb gesetzlicher Vorgaben, die tiergerechte Bedingungen und insbesondere die Gesundhaltung aller Nutztiere zum verbindlichen Standard machen.

Kapitel 4

Das System der Tierqual-Ökonomie

Jedes Jahr im Januar verläuft anlässlich der weltgrößten Agrarmesse »Grüne Woche« in Berlin für ein paar Stunden ein imaginärer Graben durch die Hauptstadt. Er markiert die seit Jahren fruchtlose, oft ideologisch geführte Debatte über Landwirtschaft im Allgemeinen – und Nutztierhaltung im Besonderen.

Auf der einen Seite des Grabens stehen Menschen wie Bernhard Barkmann, Schweine- und Bullenmäster in dritter Generation aus dem Emsland, ein schlanker, jugendlich wirkender Mann Mitte vierzig, der mit seinem Pferdeschwanz, der Schildmütze und dem dunklen Brillengestell auch als Sozialpädagoge oder Computerspezialist durchgehen würde. An diesem Januarmorgen in Berlin ist Bernhard Barkmann schon früh auf den Beinen, in einer orangen leuchtenden Ordnerjacke steht er in der Kälte auf dem Washingtonplatz vor dem Hauptbahnhof und hält eine Rede. Die Bauern-Demo trägt den Titel »Wir machen Euch satt«, so als ginge es darum, drohenden Hunger in Deutschland abzuwenden. Barkmann steht auf einer kleinen Bühne, er schaut hinunter auf einige hundert Kollegen, sie stoßen in Trillerpfeifen, lärmen mit Ratschen, halten Transparente in die Höhe, auf denen »Rückendeckung statt Rufmord« steht oder »Power to the Bauer«, »Wir ackern für Deutschland« und »Ihr steht im Discounter, wir stehen am Pranger«. Barkmanns linke Hand, in der er sein Redemanuskript hält, ist bandagiert, ein paar Tage zuvor ist er auf dem gefrorenen Eisregen vor seinem Stall ausgerutscht. »Ich bin kein guter Redner«, sagt er sichtlich aufgeregt und liest dann von seinem Zettel ab, was er schon am Vortag bei einer Bauern-Demo im Emsland gesagt hat: dass es mit der Skandalisierung des Bauernberufs ein Ende haben müsse, dass kaum einer der Kritiker eine Ahnung von Landwirtschaft habe, dass kritische Verbraucher endlich *mit* den Landwirten reden sollten statt so ahnungslos *über* sie.

Nach Barkmann treten andere ans Mikrophon, Milchviehhalter, Ackerbauern, eine Tierärztin, eine Bio-Bäuerin, Vertreterinnen der Landfrauen, es ist eine Veranstaltung ohne bekannte Verbandsfunktionäre, eine Bauern-Demo von unten. Sie wehren sich gegen die leeren Schlagwörter von der »Massentierhaltung« und der »Agrarindustrie«, eine kämpft mit den Tränen, als sie erzählt, wie manche Verbraucher über Landwirte herziehen würden. Am Rande der Demonstration gibt es, kaum wahrgenommen von den meisten Teilnehmern, eine kleine Drängelei mit einer Handvoll Aktivisten, sie halten ein Transparent in die Kameras: »Wir haben Kapitalismus satt, für eine biovegane solidarische Landwirtschaft«. Drei Bauern schieben sich mit ihrem eigenen Banner zwischen die Transparentträger und die Kameras, »Wir machen Euch satt«. Aber dann trollen sich die veganen Aktivisten schnell wieder, einer sagt: »Die Bilder sind im Kasten, was wollen wir hier noch?« Derweil ruft auf der kleinen Rednerbühne eine Landwirtin, diese Demo sei ein »Knaller«, sie sei absolut überwältigt von der Resonanz, von den vielen Treckern, den Plakaten.

Aber von den Verbrauchern, mit denen man endlich »ins Gespräch kommen will«, ist keiner da. Es ist eine Demo von Bauern für Bauern, die 500, 600 Angereisten füllen den großen Washingtonplatz vor dem Hauptbahnhof nur zu einem kleinen Teil.[1] Fast wirken sie ein bisschen verloren. Es ist die Demonstration einer Branche, deren Produkte alle brauchen, die aber nur noch ein, zwei Prozent der Erwerbstätigen und der Bruttowertschöpfung repräsentiert.[2]

Die Verbraucher versammeln sich lieber auf der anderen Seite des imaginären Grabens, auf der anderen Seite des Berliner Tiergartens, jener grünen Lunge inmitten der deutschen Hauptstadt. Sie treffen sich auf dem Potsdamer Platz, nur zwei Stunden später und nur drei S-Bahn-Stationen entfernt. Das Motto, das sie eint, lautet: »Wir haben es satt!« Es – das sind die »Massentierhalter« und »Agrarkonzerne«, die »industrielle Landwirtschaft«. Wenn man den Erfolg von Demonstrationen daran messen will, wie viele Menschen kommen, wo die größeren Bühnen und die lauteren Lautsprecher stehen, dann haben die »Wir haben es satt«-Rufer an diesem Tag das Rennen gewonnen: 5000 Menschen sind es zunächst auf dem Potsdamer Platz; auf dem Weg zum Brandenburger Tor, zum Landwirtschaftsministerium und zum Bundeskanzleramt werden es später 13 500, manche sagen sogar 20 000. Es ist ein buntes Meer aus Fahnen, Schildern, Luftballons. Kinder und Erwachsene laufen in Hühner-, Schweine- und Kuhkostümen in kurioser Allianz mit Veganern, Vegetariern und Bio-

Schweinemästern. »Mein Schwanz bleibt ganz« und »Mein Schnabel bleibt meine Gabel« steht auf ihren Plakaten gegen das Schwanz- und Schnabelkupieren in den Ställen, »Ich wollt' ich wär' ein Bio-Huhn«, sagt ein Transparent.

Auch auf dieser Demonstration redet ein Mann mit Pferdeschwanz. Er heißt Michael Wimmer, ist Geschäftsführer der »Fördergemeinschaft Ökologischer Landbau Berlin-Brandenburg«[3] und schafft es am Abend mit seiner Botschaft von der »bäuerlichen Landwirtschaft« sogar in die »Tagesthemen«:[4] In dem Fernsehbeitrag sieht man ihn auf der Bühne am Potsdamer Platz stehen, man sieht ihn beim Marsch zum Brandenburger Tor und vor dem Bundeskanzleramt, euphorisch erzählt er dem ARD-Reporter von seinem nur zwei Tage zurückliegenden Erfolg, der ihm »wahnsinnigen Rückenwind« für sein Anliegen gebe: 104 000 Unterschriften sammelten Michael Wimmer und seine Mitstreiter beim »Volksbegehren gegen Massentierhaltung« in Brandenburg, deutlich mehr als benötigt, es ist erst das zweite erfolgreiche Volksbegehren in der 25-jährigen Landesgeschichte.[5] »Wer die Würde der Tiere nicht respektiert, kann sie ihnen nicht nehmen, aber er verliert seine eigene« – mit diesem Zitat von Albert Schweitzer hatte das Volksbegehren für »artgerechte Tierhaltung in Brandenburg« und gegen Riesenställe geworben,[6] die es in dem Bundesland besonders häufig gibt.

Diskurs im ideologischen Nebel

Die Begriffe »Massentierhaltung« und »industrielle Tierhaltung« gehören zum Standardvokabular im Streit um die

»richtige« Landwirtschaft, so als gäbe es die eine, die richtige Anzahl von Tieren, mit der die Versöhnung von Umwelt- und Tierschutz, von Verbraucher- und Bauerninteressen wie von alleine gelingen könnte. »Bäuerliche Landwirtschaft« ist die Formel, die diese »richtige« Größe, Wirtschafts- und Lebensweise offenbar beschreiben soll. Und doch gibt es für keinen dieser Kampfbegriffe irgendeine verbindliche Definition.

Angeblich soll eine im Jahr 1975 erlassene Norm später umgangssprachlich als »Massentierhaltungsverordnung« bezeichnet worden sein. Denn diese Verordnung galt, ebenso wie ihre 1988 vorgelegte Nachfolgerin, für Schweinemästereien ab 700 Mastplätzen bzw. 150 Muttersauen. Ab 1250 Mastplätzen waren zusätzliche Anforderungen zu erfüllen, ein Paragraph legte sogar Bestandsobergrenzen pro Betrieb bei 2500 Mastschweinen oder 600 Muttersauen fest. Diese Obergrenzen verschwanden – ausgerechnet unter rot-grüner Regierungsverantwortung.

Niemand kann sagen, wo genau jene Grenze liegt, von der an die Zahl der gehaltenen Rinder, Schweine, Hühner oder Puten die Ursache für ihr Leiden ist. Aus wissenschaftlicher Sicht jedenfalls gibt es keinen eindeutigen Zusammenhang zwischen dem Gesundheitszustand der Tiere und ihrer Anzahl im Stall, im Gegenteil: Verschiedene Untersuchungen fanden sogar Belege dafür, dass Tiergerechtheit und Tiergesundheit in größeren Betrieben höher sein können als in kleinen, zum Beispiel in der Milchviehhaltung. So werden gerade in kleineren Betrieben Kühe häufig noch wie früher den ganzen Tag im Stall angebunden, was absolut nicht tiergerecht ist. Und ob sie gesünder sind, wenn sie auf die Weide dürfen – was in kleineren, »bäuerlich« geprägten Betrieben eher möglich ist –, dazu finden Studien keinen eindeutigen Zusammenhang, oder sie kommen zu völlig gegensätzlichen Aussagen.[7]

»Kleine Betriebe sind nicht automatisch tier- oder umweltfreundlicher als große, die Betriebsgröße ist nicht entscheidend, wenn es um eine Verbesserung des Tier- und Umweltschutzes geht«, sagt der Agrarökonom Harald Grethe, jener Mann, der als Vorsitzender des *Wissenschaftlichen Beirats für Agrarpolitik* beim Bundeslandwirtschaftsministerium so hart mit den Tierhaltern ins Gericht ging und eine radikale Wende einforderte. Die Diskussion um die »Massentierhaltung«, meint Grethe, sei deshalb »irreführend« und diffamiere Tierhalter pauschal.[8] Auch in »bäuerlichen« Betrieben werden Muttersauen monatelang in Kastenstände gesperrt, auch die meisten Bio-Masthühner leben mit Tausenden von Artgenossen in Ställen, die das Etikett »Massentierhaltung« zweifelsfrei verdienen.

Zum Reigen der Begriffe, die zur Klärung der Debatte nicht beitragen, gehört inzwischen auch »Tierwohl«, ein Kunstwort, vermutlich in Anlehnung an das Englische »animal welfare«, das, korrekt übersetzt, nichts anderes bedeutet als »Tierschutz«. Verwendet wird der Begriff vor allem von jenen, gleichsam als Konter, die sich angegriffen fühlen vom Vorwurf der Massentierhaltung. Indes, auch »Tierwohl« bedeutet alles und nichts. Es ist ein Wort wie aus dem Marketing-Lehrbuch, ein Wohlfühlwort, das viel verheißt und in dem auch das »Wohlbefinden« der Tiere anklingt. Selbstverständlich ist es objektiv betrachtet unmöglich, die Innenperspektive der Tiere zu beschreiben.

Niemand kann wissen, geschweige denn beweisen, unter welchen Umständen sie sich tatsächlich, wirklich, echt – wohl fühlen. Der Begriff »Tierwohl« ist deshalb nichts anderes als eine raffinierte Irreführung der Öffentlichkeit, der sogar der *Wissenschaftliche Beirat für Agrarpolitik* aufsitzt, der ansonsten die herrschende Praxis der Nutztierhaltung massiv kritisiert: »Die Begriffe Tierschutz, Tierwohl, Wohlergehen, Tiergerechtheit zielen letztlich alle auf die möglichst weitgehende Abwesenheit von Schmerzen, Leiden und Schäden sowie die Sicherung von Wohlbefinden beim Tier, nur teilweise aus unterschiedlichen Perspektiven. Sie werden in diesem Gutachten deshalb weitgehend synonym verwendet.«[9] Rund 350-mal taucht »Tierwohl« darin auf, ganze 50-mal »Tiergesundheit« und nicht ein einziges Mal »Produktionskrankheit«.

Um es deutlich zu sagen: *Praktizierter* Tierschutz lässt sich ausschließlich mit objektiven Indikatoren erfassen, die zum Ausdruck bringen, wie gut es Tieren in ihrer jeweiligen Lebensumwelt gelingt, Schmerzen, Leiden und Schäden zu vermeiden. Dazu gehört, dass sie die ihrer Art gemäßen typischen Verhaltensweisen ausüben können und nicht erkranken. Der Rest – Wohlbefinden, Tierwohl gar – ist Interpretation, Wunschdenken, Gefühlsduselei.

Es ist umso erstaunlicher, wie dieser gefühlige, nicht mit validen Daten hinterlegte Begriff »Tierwohl« das Kunststück fertiggebracht hat, nahezu unhinterfragt breiteste Akzeptanz und Verwendung zu finden. Vermutlich ist »Tierwohl« der kleinste gemeinsame Nenner, auf den man sich in dem ansonsten mit beinahe alttestamentarischem Furor ausgetragenen Streit um die »richtige« Landwirtschaft einigen kann: Weil »Tierwohl« alles und nichts bedeutet, können alle für »Tierwohl« sein, also ist »Tierwohl« für alle.

Krankheit als nicht deklarationspflichtige Zutat

Dabei ist nichts dringender erforderlich als klare Begriffe, die helfen, die Situation der Nutztiere jenseits von Bilderbuch-Bauernhof-Erinnerung und Massentierhaltungsvorwürfen zu analysieren. Es geht um sehr viel in diesem Streit. Es geht um Agrarpolitik im Allgemeinen, aber im Detail auch um einen brachialen Strukturwandel hin zu immer größeren Höfen, um den Verlust teils jahrhundertealter Familientraditionen und die nackte berufliche Existenz. Es geht um Ställe, Maschinen, Technik. Es geht um Umweltprobleme, seien es geschädigte Böden oder die durch Überdüngung ausgelösten Grundwasserbelastungen, es geht um Gentechnik, um Lärm-, Geruchs- und Klimaauswirkungen. Es geht um überforderte Menschen und Tiere auf den Höfen, um die Vergangenheit, die Gegenwart und die Zukunft von Landwirtschaft in Deutschland. Es könnte, es müsste deshalb gehen – um die Systemfrage.

Der unverstellte Blick auf das System zeigt eine Branche, die technologisch im 21. Jahrhundert angekommen ist. Längst hat auch die Landwirtschaft ein Selbstverständnis entwickelt, das sich kaum von dem anderer Wirtschaftszweige unterscheidet – sei es Automobilindustrie oder Maschinenbau: Moderne Bauern begreifen sich zuallererst als Unternehmer, die im weltweiten Wettbewerb bestehen müssen. Und dies, so sagen sie, könnten sie umso besser, je weniger sie durch überzogene

Auflagen beim Tier- und Umweltschutz in ihrer Wettbewerbsfähigkeit gehindert würden.

Doch während etwa die Auto- und Maschinenbauer über Jahre und Jahrzehnte den Nimbus des »Made in Germany« als Siegel für Qualität, Innovation und technologische Überlegenheit aufgebaut haben (Rückschläge etwa durch nachweisliche Abgasmanipulationen sollen an dieser Stelle unberücksichtigt bleiben) und für ihre Produkte auch entsprechend hohe Preise erzielen, produzieren die deutschen Landwirte fast ausschließlich anonyme, austauschbare, für kaum einen Endverbraucher objektiv zu differenzierende, ja, hier ist der Begriff äußerst passend: Massenware! Und zwar völlig unabhängig davon, ob sie das in einem kleinen oder großen Betrieb tun, ob sie sich schinden wie ihre Vorfahren in den 1950er, 1960er und noch 1970er Jahren oder ob sie technologisch, logistisch und in jeder sonst denkbaren Weise aufgerüstet haben für den Überlebenskampf auf einem von multinationalen Akteuren bestimmten Weltmarkt.

Für die Landwirte herrschen Marktbedingungen, in denen Fleisch Fleisch ist und Milch Milch – sonst nichts; in denen der Preis das einzige Kaufkriterium bleibt, an dem sich die Verbraucher orientieren können, weil es keine oder zumindest kaum eine nennenswerte objektive Qualitätsdifferenzierung gibt. Stattdessen ist der Lebensmittelmarkt zum Eldorado der Werbeindustrie geworden, die, meist völlig legal und fast immer ignoriert von Legislative und Exekutive, so ziemlich alle Qualitätseigenschaften erdichten, erfinden, erlügen darf. So ist eine Scheinwelt entstanden, in der »Premium« und »Genuss« Standardattribute nahezu jeden Produktes sind, eine Scheinwelt, in der die Krankheit und das Leid von Tieren nun wirklich gar keinen Platz haben. Ein so »positiver« Begriff wie Tier*wohl* hingegen passt perfekt.

In diesem Massenmarkt hängt der wirtschaftliche Erfolg des einzelnen Landwirts, sofern er nicht in einer der winzigen Nischen wie Bio oder Selbstvermarktung sein Glück findet, einzig und allein davon ab, wie stark er seine Produktionskosten optimieren kann. Der Dreh an der Kostenschraube aber, das leuchtet jedem ein, kann kaum zu mehr »Tierwohl« führen, sondern macht es fast unvermeidlich, kranke Tiere als Teil der Kalkulation zu akzeptieren. Und wie der Kasseler Professor Albert Sundrum argumentiert, bedeuten *Produktionskrankheiten* für den Landwirt zwar einen ökonomischen Nachteil, doch der wäre noch größer, wenn er versuchte, den Gesundheitszustand seiner Tiere durch eine artgerechtere Haltung und Betreuung zu verbessern.[10]

Anders ausgedrückt: Die Lebensmittelproduktion mit kranken Tieren ist betriebswirtschaftlich sinnvoll; Aufwand und Maßnahmen, die auf die Vermeidung von Krankheit und Leid abzielen, sind häufig schlicht und ergreifend: unwirtschaftlich. Das heutige System der Erzeugung tierischer Lebensmittel ist daher nichts anderes als eine Tierqual-Ökonomie.

Zu Besuch beim Feindbild

Nur 40 Kilometer südlich vom imaginären Graben in Berlin entfernt, im brandenburgischen Bestensee, steht Richard Geiselhart mit Gazehäubchen und Plastiktüten über den Schuhen in einem schummrigen Hühnerstall und streicht

Das System der Tierqual-Ökonomie

der Junghenne auf seinem Arm sanft durchs braune Gefieder. Es wirkt nicht gespielt, als er strahlend sagt: »Ich könnte hier ewig so stehen, ich liebe es hier.« Richard Geiselhart ist auf dem elterlichen Bauernhof im Allgäu mit Legehühnern aufgewachsen, er wurde Landwirtschaftsmeister und hatte sein ganzes Berufsleben lang mit Geflügel zu tun. Inzwischen ist er Geschäftsführer des Eierproduzenten Landkost in Bestensee und damit das, was die Protestierer auf dem Potsdamer Platz als ihren natürlichen Gegner bezeichnen würden, als einen dieser unverantwortlichen »Massentierhalter«. Dennoch: Richard Geiselhart könnte mit gewissem Recht auch mitmarschieren bei der alljährlichen »Wir haben es satt!«-Demo.

Um »Massentierhaltung« handelt es sich bei Landkost zweifellos. In seinen Ställen in Brandenburg, Sachsen und Sachsen-Anhalt hat das Unternehmen mehr als 800 000 Plätze für die Aufzucht von Küken zu Legehennen, für Letztere stehen weitere rund zwei Millionen Plätze bereit. Die Vögel leben in Anlagen mit 10 000 bis 40 000 Tieren und legen 300 bis 320 Eier, bis sie nach zwölf, dreizehn Monaten zu Hühnerfrikassee, Suppenhuhn, Geflügelwurst oder Chickennuggets verarbeitet werden. Landkost produziert jährlich rund 600 Millionen Eier und kann durch Zukauf aus fremder Produktion insgesamt pro Jahr rund eine Milliarde Eier vor allem in Berlin und Brandenburg vermarkten. Etwa ein Fünftel davon landet in der verarbeitenden Lebensmittelindustrie, der Rest kommt als Schaleneier in den Einzelhandel. Landkost-Eier findet man – meist unter anderem Namen – in praktisch allen großen Lebensmittelketten von Aldi bis Lidl und Edeka bis Kaiser's. »In Deutschland sind wir unter den ersten drei, in Europa spielen wir in der Europa-League«, sagt Geschäftsführer Geiselhart.

Als einer von Deutschlands Eierbaronen steht Landkost ganz oben auf der Gegnerliste der Tierschützer. Es gab schon mehrere Einbrüche in die Ställe, Ende 2014 filmten Aktivisten des Deutschen Tierschutzbüros in Berlin, wie beim »Umstallen« der Junghennen vom Aufzucht- in den Legestall Tiere in Gitterboxen verladen wurden. Bewegungslos lagen sie eng neben- und teilweise übereinander, in einem Gitterwagen lag eine tote Junghenne. Das Verfahren nach der Strafanzeige wurde eingestellt, Kontrollen des zuständigen Veterinäramts – auch unangekündigte – ergaben keine Anhaltspunkte für Verstöße.[11] Es scheint bei Landkost nicht schlimmer oder besser zuzugehen als in Hunderten anderen deutschen Hühnerställen. Richard Geiselhart produziert, was der Markt verlangt, und er tut sogar ein bisschen mehr als das: Landkost bietet Eier aus Bodenhaltung, aus Freilandhaltung und Eier nach Öko-Standards an, seit Anfang 2016 außerdem »Fünf-Sterne-Eier«, deren Produzentinnen sogar noch ein bisschen mehr Stallplatz haben als Bio-Hühner – hier sind es 4,5 Tiere auf einem Quadratmeter statt sechs wie bei den Bio-Hennen. Früher als andere, Anfang 2016, brachte Landkost außerdem Eier von Hennen ohne gekürzte Schnäbel bei der Discounterkette Penny in die Regale – ein Jahr vor der Branchenselbstverpflichtung.[12] Damit sich die Vögel mit ihren unbehandelten Schnäbeln nicht picken, lässt Richard Geiselhart bereits in den Junghennenställen Pickblöcke als Beschäftigungsmaterial aufstellen, seine »Farmmanager« hängen Netze mit Thymian- und Luzernestroh auf oder Plastikeimer mit Löchern, aus denen die Hühner Strohhalme zupfen können. Die Tierbetreuer experimentieren sogar mit Glockenspielen, die von der Stalldecke hängen und mit Schellen am Handgelenk – die Geräusche sollen die Hühner von klein auf stressunempfindlicher machen und damit Federpicken und Kannibalismus reduzieren. Außerdem lässt Hühnerprofi Geiselhart in seinen Ställen etwa 75 000 »Bruderhähne« seiner Legehennen mästen, die sonst unmittelbar nach dem Schlüpfen vergast oder geschreddert würden, weil sie weder Eier legen noch ein wirtschaftlich lohnender Fleischlieferant sind. »Wir kommen um die Aufzucht von Bruderhähnen aus ethischen Gründen nicht herum«, meint Geiselhart.

Es gibt keinen Grund, die Ernsthaftigkeit seiner Aussage zu bezweifeln. Allerdings ist Geiselhart auch Geschäftsmann und will für Landkost so viele Eier verkaufen wie möglich. Die Bruderhahn-Aufzucht, das Fünf-Sterne-Ei, die unkupierten Schnäbel – all das kostet mehr Geld für mehr eiweißhaltiges Futter, für Beschäftigungsmaterial, für mehr Personalaufwand bei der Betreuung der Tiere. Geiselhart will die freiwilligen Extras nur eine Weile quersubventionieren. Sie stehen zur Disposition, wenn sich herausstellt, dass die großen Handelsketten, auf die er als Produzent angewiesen ist, die teureren Eier nicht in ausreichend großen Mengen und zu seine Mehrkosten deckenden Preisen dauerhaft abnehmen. »Wir sind letztlich ein Wirtschaftsunternehmen. Wir können nur produzieren, wofür es Absatzchancen gibt.« Jedes dritte in Deutschland verbrauchte Ei komme aus dem Ausland, und »wenn der deutschen Geflügelwirtschaft durch höhere gesetzliche Anforderungen die Daumenschrauben angezogen werden, wird sich der Anteil ausländischer Eier erhöhen. Wenn die Leute eine andere Hühnerhaltung wollen, dann müssen sie anders einkaufen.«[13]

Vergebliche Liebesmüh? Von Zweinutzungshühnern, Bruderhähnen und Tierschutzlabels

Vor dieser Hürde stehen ausnahmslos alle anderen Initiativen und Label, die den Schutz der Nutztiere substantiell verbessern wollen. Darunter sind viele ehrenhafte Initiativen, aber solange es dieselben Produkte gleichzeitig billiger, weil weniger tiergerecht erzeugt, zu kaufen gibt, bleiben sie für das Leben und die Gesundheit der allermeisten Nutztiere irrelevant. Diese Initiativen haben das Potential zur Nische, mehr nicht. Sie können die Tierqual-Ökonomie nicht aushebeln.

Ein gutes Beispiel dafür ist das Zweinutzungshuhn. Die Firma Lohmann Tierzucht GmbH in Cuxhaven, einer der weltweit größten Züchter für Hochleistungslegehennen, forschte jahrelang an diesem Huhn und brachte es vor wenigen Jahren als »Lohmann Dual« auf den Markt, es vereint beides: eine gute Eier- *und* eine gute Mastleistung. Aber eben nur gute Leistungen und nicht Höchstleistungen, wie es die Spezialisten tun. Die Dual-Hennen legen immerhin 250 Eier in 50 Wochen, aber immer noch deutlich weniger als die spezialisierten Legehennen mit über 300 Eiern; zudem brauchen die Duals 20 Gramm mehr Futter pro Tag.

Dasselbe Bild bei den männlichen Tieren, die zur Mast eingesetzt werden: Sie weisen zwar eine deutlich bessere Gewichtszunahme als die Hähne der Legerassen auf, halten einem wirtschaftlichen Vergleich mit den hochgezüchteten Masthühnern aber nicht stand. Der Geschäftsführer der Lohmann Tierzucht, Rudolf Preisinger, schreibt: »Eine Zucht von Zweinutzungshühnern führt automatisch zu steigenden Produktionskosten für Eier und Fleisch. Ferner sind die Produkte am Markt nicht zu kostendeckenden Preisen absetzbar.« Entsprechend ernüchternd ist die Bilanz: Der Absatz der Tiere ist schleppend, selbst die Bio-Branche zeigt nur sehr verhaltenes Interesse. In einem Satz: Ein guter Ansatz, aber leider chancenlos in der Tierqual-Ökonomie.

Solche Zweinutzungshühner gibt es schon lange, es sind die alten Rassegeflügelsorten, die heute von manchen Hobbylandwirten oder kleinen Öko-Betrieben gehalten werden. Meist sind es französische Bressehühner, die in Deutschland Les Bleus heißen. Ähnlich wie bei der Lohmann-Züchtung liegt die Eierproduktion dieser Tiere deutlich unter jener der Legehybriden, die Mastleistung der männlichen Tiere ähnelt der der Lohmann-Zweinutzungshühner. Der Preis eines Les-Bleus-Eis liegt etwa zehn Cent über dem von Bio-Eiern, das Kilogramm Geflügelfleisch kostet bei den Masthähnchen etwa zwei Euro je Kilogramm mehr. Von den rund 1,33 Millionen Naturland-Legehennen gehörten 2013 aber lediglich 2500, also knapp 0,2 Prozent, zur Rasse der Les Bleus.[14] Auch hier gilt wieder: Die schöne Idee ist für den Gesamtmarkt leider unbedeutend.

Tierschutzverbände fordern regelmäßig die Rückkehr zum Zweinutzungshuhn,[15] und Presse gibt es für derlei Initiativen allemal. Etwa, wenn das Bundeslandwirtschaftsministerium einem Forschungsvorhaben zum Zweinutzungshuhn einen

Zuwendungsbescheid überbringt, wie Ende 2015 an der Tierärztlichen Hochschule Hannover geschehen.[16] Später folgen dann rührige Berichte über das Versuchsgut der Hochschule und über Studenten, die in der Mensa das »Zwihuhn« als Testesser verkosten.[17] Allerdings sollte niemand erwarten, daraus könnte unter den herrschenden Marktbedingungen einmal eine irgendwie marktrelevante Alternative entstehen. Das Bundeslandwirtschaftsministerium schreibt selbst: »Zum gegenwärtigen Zeitpunkt gibt es allerdings keine Linien von Zweinutzungshühnern, die sich unter ökonomischen Gesichtspunkten für den breiten Einsatz für die Mast und die Eierproduktion eignen würden.«[18] Vielleicht geschieht ja irgendwann einmal ein Zuchtwunder – die Hühner müssen nur lange genug Geduld haben.

Die Liste lässt sich mit dem Beispiel der Bruderhähne fortsetzen: Als Alternative zum Kükenvergasen gibt es neben dem Zweinutzungshuhn den Ansatz, die Bruderhähne der Legerassen zu mästen, obwohl das wesentlich aufwendiger und teurer ist als die Mast der speziell auf Fleischansatz gezüchteten Masttiere. Die »Bruderhahn-Initiative Deutschland« (BID), hinter der bundesweit rund 40 Landwirte, Züchter, Händler und Brüter stehen, hat deshalb eine Art Subventionsmodell entwickelt: Der Mehraufwand für die unrentable Mast der Bruderhähne wird auf die Eier der Schwestern umgelegt, für jedes BID-Ei zahlt der Kunde im Laden einen »Ethik«-Zuschlag von vier Cent. 2015 konnte die Initiative gut sieben Millionen Eier mit diesem Zuschlag verkaufen und dadurch 30 000 Bruderhähne mästen.[19] Selbst wenn man die 75 000 Bruderhähne von Richard Geiselharts Landkost im Süden Berlins dazuzählt, eröffnet das Modell bei über zwölf Milliarden produzierten Eiern in Deutschland[20] und rund 635 Millionen geschlachteten Masthühnern[21] leider keine neue Lösung für den Markt: Die Ethik spielt sich im Bereich von Bruchteilen von Promille ab.

Als letztes Beispiel in dieser Reihe sei das Label »Für Mehr Tierschutz« genannt, das der Deutsche Tierschutzbund 2013 einführte. Es ist ein zweistufiges Label mit einer Einstiegsstufe (ein Stern) und einer Premiumstufe (zwei Sterne), die Anbieter von Geflügel- und Schweinefleisch verwenden dürfen, wenn sie bestimmte Anforderungen für Haltung, Transport und Schlachtung erfüllen, die über den gesetzlichen Standards liegen. Im Preis liegen die Fleischwaren deutlich über dem üblichen Niveau, aber unter jenem für Bio-Fleischprodukte.[22] Das Bundeslandwirtschaftsministerium förderte – wieder einmal – diese *freiwillige* Initiative »im Rahmen eines Forschungsprojekts« mit einer Million Euro, doch die Bilanz nach dem ersten Jahr war mehr als bescheiden: Bundesweit waren nur 16 Schweinemastbetriebe und 44 Geflügelmäster für das Label zertifiziert. Immerhin habe »die politische Debatte Fahrt aufgenommen«, schrieb das Tierschutzbund-Magazin nach dem ersten Jahr etwas kleinlaut. Die Bilanz Ende 2015: Bei den Schweinemästern waren sechs weitere Betriebe hinzugekommen, die Zahl der Geflügelbetriebe war sogar wieder von 44 auf 27 gefallen; seit Anfang 2016 gibt es das Label auch für die Eier aus acht Legehennenbetrieben, Ende 2016 soll es zusätzlich auf Milch- und Rindfleischverpackungen kleben. Das Label ist ein Achtungserfolg, mehr aber leider nicht.[23] Es ist kaum bekannt, und der Tierschutzbund hat nicht die Mittel, es durch massive Werbung bekannt zu machen. Die geringen

Mengen an Label-Produkten können den Markt weder durchdringen noch gegen immer wieder parallel von den Handelsketten präsentierte Super-Sonderangebote bestehen. Auch hier muss das Fazit bedauerlicherweise lauten: eine mutige Initiative, die in der Tierqual-Ökonomie jedoch keine echte Chance hat.

Der Bundestierwohlminister

All diese – zumeist gutgemeinten – Initiativen und Labels sind der Versuch, ein Vakuum zu füllen, das die Politik über die Jahre hat entstehen lassen, sie sind ein Spiegelbild für staatliches Nichthandeln beim Schutz von Nutztieren. Durch die Berichte und Debatten, die diese Initiativen anstoßen, entsteht der Eindruck, die Situation in den Ställen sei – mit Ausnahme einiger weniger Skandale – im Großen und Ganzen doch irgendwie zufriedenstellend, der Schutz von Nutztieren sei auf einem guten Weg. Tatsächlich sind *Produktionskrankheiten* vieltausendfacher Alltag in den Ställen. Die Politik redet diesen Alltag schön und kaschiert ihren mangelnden Gestaltungswillen mit Polit-Placebos.

Beliebt sind Aufrufe, freiwillige Vereinbarungen oder Info-Kampagnen, wobei sich das Bundeslandwirtschaftsministerium von Christian Schmidt (CSU) mit dieser Form des Aktionismus besonders hervortut.[24] Damit sich die Menschen in Deutschland gesund ernähren und mehr bewegen, damit Kinder gesünder aufwachsen, gibt es zum Beispiel den Nationalen Aktionsplan »IN FORM«, unter anderem empfiehlt die Initiative entsprechende Smartphone-Apps und Rezepte.[25]

Unter der Überschrift »Zu gut für die Tonne« engagiert sich das Ministerium mit einer Informationskampagne gegen das Wegwerfen von Lebensmitteln und liefert dafür unter anderem »Kochideen für die kreative Resteküche« sowie Einkaufsplaner.[26] »Ist das richtiger Schinken? Kann ich das Müsli essen, auch wenn ich allergisch bin? Wie hoch ist der Koffeingehalt im Energydrink?« Selbst bei solchen für den Verbraucher wichtigen Fragen lassen die Hersteller der Produkte und der Handel ihre Kunden offenkundig völlig allein, sonst müsste nicht Minister Schmidt für sie in die Bresche springen mit seiner »Informationskampagne zur Lebensmittelkennzeichnung« – ausgerechnet mit dem Bundesverband des Lebensmittelhandels als Partner.[27] »Aufgetischt« – so heißt ein anderer ministerieller »Wegweiser für Ernährung, Einkauf und Lebensmittel«, er gibt Antworten auf Fragen wie »Was ist wirklich gesund? Wo kommt unser Essen her? Woraus bestehen unsere Lebensmittel?«[28]

In diese Reihe entlarvender und wirkungsloser Kampagnen gehört auch die regierungsamtliche »Tierwohl-Initiative: Eine Frage der Haltung – neue Wege für mehr Tierwohl«, die der Minister den Verbrauchern 2014 »auftischte« und die nicht zu verwechseln ist mit der *Initiative Tierwohl* der Branche, wie sie in Kapitel 3 beschrieben wurde. In der amtlichen Variante zeigt sich die Initiative vornehmlich darin, dass sie Dialoge zwischen den Beteiligten anstößt, »Prozesse moderiert«, »Akteure einbindet«, vieles wird geprüft und erwogen, der Minister vergibt außerdem Forschungsgelder und hat zusätzlich den beratenden »Kompetenzkreis Tierwohl« ins Leben gerufen.[29]

Kapitel 4

Der tragende Gedanke der regierungseigenen »Tierwohl«-Initiative ist die »verbindliche Freiwilligkeit«,[30] die Minister Schmidt in praktisch jedem Interview betont. »Verbindliche Freiwilligkeit« ist eine Umschreibung dafür, dass sich der Minister mit dem System, das konsequenten Tierschutz in den Ställen verhindert, auf keinen Fall anlegen will. »Aktivitäten der Wirtschaft«, so Minister Schmidt im hauseigenen »Tierwohl«-Magazin, müssten »von der richtigen Politik flankiert werden« – der Minister als Flankenschützer von Landwirtschaft und Lebensmittelindustrie, welch haarsträubende Rollenbeschreibung. Den vielbeschworenen Primat der Politik stellt man sich jedenfalls anders vor.[31]

Als Erfolg der »Tierwohl«-Initiative schreibt sich das Ministerium zum Beispiel auf seine Fahnen, dass von 2017 an keine Legehennen mehr mit gekürzten Schnäbeln ihre Arbeit in den Ställen aufnehmen werden. Dies als Erfolg zu verkaufen ist gewagt. Denn das Schnäbelkürzen war schon bislang verboten, konnte sich aber dank massenhaft erteilter Sondergenehmigungen zum Regelfall in den Ställen entwickeln – politisches Handeln war also längst überfällig. Und auch von 2017 an ist der Verzicht auf das Schnäbelkürzen, der übrigens nur für Legehennen gilt, nicht für Puten, nur durch eine freiwillige Vereinbarung mit der Geflügelindustrie abgesichert, nicht durch ein Gesetz. Dasselbe Muster beim Kupieren von Schweineschwänzen: Wenn manche Mäster darauf in Zukunft verzichten, tun sie es nicht, weil die zum Missbrauch einladenden Ausnahmen abgeschafft wären, sondern weil sie sich freiwillig darauf einlassen. Was der Regierungsinitiative fehlt, ist eine generelle Zielsetzung samt Kriterien und Zeitplänen, die einen Weg vorgeben für die bestmögliche Tiergesundheit in *allen* Ställen. Stattdessen schrumpft das Ministerium die Frage der Tiergesundheit gegen jede wissenschaftliche Erkenntnis auf eine »Frage der Haltung«.

Tierschutzsiegel – Tierschutz in der 20-Prozent Sackgasse

Erinnert sei in diesem Zusammenhang auch noch einmal an das vernichtende Gutachten, welches das Ministerium im Frühjahr 2015 vom eigenen *Wissenschaftlichen Beirat für Agrarpolitik* vorgelegt bekam und das der Nutztierhaltung attestierte, »nicht zukunftsfähig« zu sein. Ein gutes halbes Jahr nach Christian Schmidts »Tierwohl«-Initiative waren das harte Schläge ins Kontor.

Für ihren dringend angemahnten Umbau veranschlagten die Wissenschaftler Mehrkosten von drei bis fünf Milliarden Euro pro Jahr, die Verbraucherpreise würden dadurch um etwa 3 bis 6 Prozent steigen.

Zur Finanzierung schlug der *Beirat* drei Quellen vor:

Zum einen sollten Subventionen der Europäischen Union an deutsche Landwirte umgeschichtet werden – statt pauschaler Beträge für Flächen in Milliardenhöhe, von denen vor allem Bodeneigentümer profitieren, sollten Landwirte mehr Tierschutzprämien erhalten, wenn sie erhöhte Standards in den Ställen erfüllen. Der Deutsche Bauernverband und die Bundesregierung lehnen den Abbau der Flächensubventionen jedoch ab.

Des Weiteren empfahl der *Beirat*, die brancheneigene *Initiative Tierwohl* (wie sie in Kapitel 3 beschrieben wurde) solle ihr

Budget »massiv ausbauen«:[32] Der *Beirat* rechnete vor, dass bei einer Verzehnfachung der Abgaben des Handels an die Landwirte mehr als eine Milliarde Euro jährlich für Tierschutzmaßnahmen bereitstehen könnten.[33]

Eine weitere Milliarde für mehr Nutztierschutz könnten die Landwirte durch ein staatliches Tierwohllabel einsammeln: Intensiv vom Staat beworben, könnten damit mehr Kunden gewonnen werden, besonders tiergerecht erzeugte Produkte zu kaufen.[34]

Mit ihrem Plädoyer für ein staatliches Tierschutzlabel nahmen die Wissenschaftler ihrem berechtigten Weckruf zu einem radikalen Umbau der Nutztierhaltung jedoch gleich wieder einen großen Teil seiner Wucht, so als habe sie der Mut dann doch wieder verlassen. Wer derart gravierende Missstände beklagt wie der *Wissenschaftliche Beirat* und dann eine auf Freiwilligkeit gegründete, lauwarme Label-Strategie vorschlägt, der stellt die Gewinninteressen der Ernährungswirtschaft offenbar über die Gesundheit aller Nutztiere. Denn niemand kann begründen, weshalb der Verbraucher die Wahl haben sollte zwischen teureren Lebensmitteln, deren Zutaten von fair und gesund gehaltenen Tieren stammen, und billigeren Produkten mit eingebauter Tierqual. Dabei ist es völlig unerheblich, ob und wie viele Verbraucher wie viel Aufpreis für Produkte mit garantierter Gesundhaltung der Tiere auszugeben bereit wären.

Schon einmal ist eine staatliche Siegel-Strategie grandios gescheitert, damals, bei der sogenannten Agrarwende. Die rot-grüne Bundesregierung hatte 2001 als Zielmarke 20 Prozent Marktanteil für Öko-Produkte innerhalb von zehn Jahren ausgegeben und massiv für ein staatliches Siegel geworben. Von wegen Agrarwende: Bis heute dümpelt der Öko-Sektor bei rund fünf Prozent, ist die überfällige Ökologisierung der gesamten Agrarwirtschaft noch nicht einmal ansatzweise in Gang gesetzt worden, zwingt der brutale Strukturwandel Jahr für Jahr Tausende von Bauern zum Aufgeben.

Der Verbraucher durchschaut bereits das bestehende Siegel-Wirrwarr nicht, er ist überfordert, die unterschiedlichen Kriterien und Bewertungsstufen der Label zu vergleichen. Die Verunsicherung und das Nichtwissen sind Verbraucheralltag, wie eine Untersuchung der Marketingberatung Zühlsdorf + Partner und der Universität Göttingen im Auftrag des Verbraucherzentrale-Bundesverbandes Anfang 2016 ergab: Fragt man Konsumenten, welche Tierschutzlabel sie kennen, ohne dass man ihnen eine Liste der existierenden Siegel vorlegt, fällt 85 Prozent der Befragten kein einziger Name ein; nur gut sechs Prozent der Befragten sind die diversen Bio-Siegel geläufig, alle anderen Label wie jenes vom Deutschen Tierschutzbund, von Neuland, Fairtrade oder Demeter kennen jeweils nur ein bis zwei Prozent der Befragten. Das Zeichen der Branchen-Gründung *Initiative Tierwohl* erkennen selbst dann nur 3,7 Prozent wieder, wenn man es ihnen vorlegt. 67 Prozent der Konsumenten äußerten bei der Befragung zwar, dass sie »für gutes Fleisch gerne etwas mehr zahlen«, aber gleichzeitig bekannten 45 Prozent, dass sie nicht wissen, »woran ich Fleisch aus artgerechter Haltung erkennen kann«; und fast 27 Prozent gaben an, dass sie auch nicht wissen, wo sie Fleisch aus artgerechter Haltung überhaupt kaufen können.[35] Die Untersuchung kommt deshalb zu dem Schluss: »Label sind derzeit kein wirksames Marktsignal für tiergerechtere Produkte«, Verbraucher hätten derzeit keine verlässlichen Indikatoren, um Produkte aus einer verbesserten Tierhaltung zu erkennen; und: »Der fehlende Bekanntheitsgrad der vorhandenen Label für tiergerechtere Produkte deutet auf ein Markt- und Politikversagen (...).«

Umso unerklärlicher ist, dass es von allen Seiten gebetsmühlenartig heißt, der Verbraucher solle es richten. Kaum ein Landwirt, Verbandsfunktionär, Politiker, Schlachthof-, Molkerei- oder Handelsmanager, der in der Debatte nicht irgendwann den Satz sagt: »Letztlich entscheidet der Verbraucher.« Und oft schwingt auch ein versteckter Vorwurf mit: Kauft endlich verantwortungsbewusster ein, ihr Verbraucher seid schuld, wenn es doch wieder nichts wird mit dem besseren Leben der Nutztiere, ihr seid zu geizig, ihr informiert euch zu wenig.

Dabei ist es geradezu abstrus, ausgerechnet den informell Schwächsten und Letzten in der Kette, den Käufer im Laden, für die miesen Zustände in den Ställen verantwortlich zu machen – und nicht die marktmächtigen Handelskonzerne, die tonnenweise Fleisch, Milch und Eier zu Kampfpreisen einkaufen und damit eine ordentliche Tierhaltung unwirtschaftlich machen.

Der Durchschnittskonsument war noch nie in einem Schweinemaststall, und selbst wenn, wie sollte er den Gesundheitsstatus der Tiere beurteilen können? Kaum ein Verbraucher hat von den alltäglichen Euterentzündungen und Lahmheiten von Milchkühen gehört, und wenn man ihn nach der Legeleistung oder Lebenserwartung von Legehennen fragt, zuckt er mit den

Schultern. Von diesem Nicht-Wissenden – und Nicht-wissen-Könnenden – zu erwarten, mit Hilfe einiger Packungsaufdrucke die Tierhaltungsbedingungen in Deutschland verbessern zu können, ist unverantwortlich gegenüber den Tieren. Es ist ethisch schlechterdings nicht zu rechtfertigen, dem Verbraucher im Supermarkt die Güterabwägung zu überlassen, sich für einen niedrigeren Preis zu entscheiden und den Tieren damit objektiv vermeidbare Schmerzen und Leiden aufzubürden oder für den höheren Preis, der idealerweise die Entstehung von vermeidbaren Leiden und Schmerzen ausschließt.

Es spricht Bände, wenn der für Tierschutz zuständige Bundesminister in seinem hauseigenen »Tierwohl«-Magazin leutselig verkündet: »Die Verbraucher wissen: Gutes kostet – und wenn wir alle ein bisschen mehr zahlen, sind Fortschritte beim Tierschutz auch wirtschaftlich umsetzbar.«[36] Wenn der Minister und alle anderen Verantwortlichen mehr Mut hätten, würde es dank klarer politischer Vorgaben den Tieren garantiert bessergehen. Diese Notwendigkeit darf nicht der *Wahlfreiheit* des Verbrauchers überlassen bleiben, »ein bisschen mehr zu zahlen« – oder eben nicht.

Bio-Produkte garantieren keine Tiergesundheit

Als positives Beispiel dafür, wie die Wahlfreiheit des Verbrauchers in Kombination mit einer besseren Produktkennzeichnung zu besseren Bedingungen für die Tiere führen kann, wird gerne die Legehennenhaltung angeführt. Hühnereier sind derzeit das einzige tierische Produkt, bei dem EU-weit die Haltungsform gekennzeichnet werden muss. Der seit 2004 auf die Schale gedruckte Code – 0, 1, 2 oder 3 – verrät, ob ein Ei aus Bio-, Freiland-, Boden- oder Käfig-Haltung stammt. Der Konsum von Käfigeiern ist seit der Kennzeichnungspflicht deutlich zurückgegangen, so lautet die vermeintliche Erfolgsstory – Grundlage für Vorschläge von den Grünen Länderlandwirtschaftsministern, eine ähnliche Kennzeichnung auch für Fleisch einzuführen.

Was die Erfolgsstory von den Eier-Codes nicht erzählt: Nur etwa die Hälfte der erzeugten Eier wird überhaupt mit den Codes gekennzeichnet, die andere Hälfte landet ohne Aufdruck in der Gastronomie und bei den Oetkers, Bahlsens, Nestlés und Unilevers, die die Eier zur Herstellung von Eis, Keksen, Nudeln, Fertiggerichten und vielen anderen Lebensmitteln verwenden. In der verarbeitenden Lebensmittelindustrie ist der Anteil der Käfigeier nach wie vor hoch und ohne jedwede Kennzeichnungspflicht – mit ahnungsloser Unterstützung auch des Käufers von Bio- oder Freiland-Eiern, wenn er Eis, Tiefkühlpizza oder Nudeln aus konventioneller Produktion oder im Restaurant isst. Getrübt wird die Erfolgsgeschichte von der Eierkennzeichnung auch dadurch, dass trotz der Codierung die Mehrheit der Verbraucher immer noch zu den günstigsten Eiern aus der formal niedrigsten Stufe, der Bodenhaltung, greift; nur knapp ein Viertel entscheidet sich für die teureren Freiland- und Bio-Eier. Der Markt hat sich also nicht wirklich zugunsten der Bio-Eier gedreht, wie viele glauben, er hat sich nur ausdifferenziert.

Der entscheidende Einwand gegen die 0, 1, 2, 3-Kennzeichnung ist im Kontext dieses Buchs allerdings ein anderer: Diejenigen Käufer, die sich für die teureren Bio-Eier entscheiden, tun dies vermutlich auch in der Annahme, damit eine tiergerechtere Produktion zu honorieren. Doch das ist keineswegs immer der Fall: Bio-Hühner können zwar eher ihre arteigenen Verhaltensweisen ausüben, weil sie etwas mehr Platz haben, Zugang ins Freie, Beschäftigungsmaterial oder bessere Einstreu. Aber das allein garantiert noch lange nicht, dass die Tiere in dem jeweiligen Betrieb tatsächlich gesünder leben. Dafür entscheidend sind nämlich noch andere Faktoren außer der Zahl der Quadratzentimer Grundfläche pro Henne, allen voran das »Stallmanagement« durch den Tierhalter, aber auch die Betriebshygiene, das Stallklima und vieles mehr. Doch Gesundheitsdaten werden bisher in keiner Haltungsform systematisch und herdengenau erfasst und sind auch für die Kennzeichnung als Bio-Produkt kein Kriterium.

Unter Wissenschaftlern ist inzwischen weitgehend anerkannt, dass die Verbesserung formaler Kriterien wie etwa die Platz- und Auslaufbedingungen nicht ausreicht, um die Tiergesundheit zu erhöhen. Solche formalen Kriterien sind zwar notwendig, aber nicht hinreichend. Formale Kriterien wie das 0,1,2,3-System können deshalb keine befriedigende Antwort sein auf die systemische Krise der Tierhaltung.

Die Bio-Branche hat sich die formal höheren Haltungsanforderungen bei der Vermarktung ihrer Produkte zunutze gemacht und tut es immer noch. Viele Verbraucher greifen genau deshalb zu tierischen Bio-Produkten, weil sie damit eine tiergerechtere Erzeugung verbinden, so haben sie es über die Jahre des Bio-Booms gelernt, so wird es ihnen in der Werbung für Bio-Kost erzählt. Aber eine tiergerechte Haltung, die Stallabmessungen *und* gesundheitliche Indikatoren berücksichtigt, garantieren auch Bio-Produkte nicht.

Wer die Öko-Branche für prinzipiell tiergerechter hält, sollte zur Kenntnis nehmen, was Praktiker berichten und Wissenschaftler zutage fördern. Ein wenig bekanntes Beispiel dafür sind die mobilen Legehuhnställe, die gerade in der Öko-Branche beliebt sind und von denen sich Laien vorstellen, sie seien in jedem Fall tiergerecht. Immerhin, so denkt der Laie, hat das Geflügel dort doch frische Luft und Auslauf auf Wiesen statt ein Leben auf industrieller Einstreu. Die Kehrseite: Viele Öko-Bauern haben massive Probleme mit Ratten und anderen Nagetieren, die Erreger in die Mobilställe bringen, Eier fressen und nicht selten sogar über die Hennen herfallen. Ein Öko-Bauer berichtet, wie er nach jedem Ortswechsel des Mobilstalls die Ratten, die aus den darunterliegenden Gängen hervorkriechen, mit dem Spaten totschlägt oder ihre Gänge mit dem Traktor umpflügt – samt der darin lebenden Tiere.

Eine Studie des bundeseigenen Thünen-Instituts, die den Zustand von Milchkühen in 69 konventionellen und 46 Bio-Betrieben anhand von zehn Indikatoren untersuchte, fand nur leichte Vorteile für die Öko-Kühe. Viel aufschlussreicher als der Vergleich zwischen bio und konventionell ist indes, dass die Unterschiede zwischen den einzelnen Betrieben mitunter deutlich größer ausfielen als zwischen den Haltungsformen. Dies deckt sich übrigens mit den Studienergebnissen aus konventionellen Betrieben. So gab es zum Beispiel sowohl bei den konventionellen als auch bei den Bio-Betrieben Herden, in denen alle Kühe normal gehen konnten, während in anderen Herden mal 50 Prozent (bio) oder fast 70 Prozent der

Tiere (konventionell) lahmten. Bei den meisten anderen Indikatoren waren konventionelle und Bio-Betriebe etwa gleichauf, beim Ernährungszustand schnitten die konventionellen Höfe leicht besser ab.[37] Wieder und wieder kommen Wissenschaftler zu solchen Ergebnissen: dass die Tiergesundheit maßgeblich vom individuellen Management eines Tierhalters abhängt und weniger von der Einhaltung formaler Mindestanforderungen. »Wissenschaftlich lässt sich nicht belegen, dass Tiere in ökologischen Betrieben generell gesünder sind«, sagt Albert Sundrum, Professor für Tierernährung und Tiergesundheit im Fachbereich Ökologische Agrarwissenschaften an der Universität Kassel. »Und das gilt sowohl für Milchkühe als auch für Schweine und Geflügel. Tiere in Bio-Betrieben haben zwar deutlich mehr Möglichkeiten für die Ausübung arteigenen Verhaltens. Aber bessere Haltungsbedingungen sind nicht gleichbedeutend mit höherer Tiergesundheit.«[38]

Vergleiche hinken immer, dennoch mag zum besseren Verständnis folgende Analogie beitragen: Allein aus der Größe eines Klassenzimmers, dem Betreuungsschlüssel zwischen Schülern und Lehrern und der Qualität der Schulbücher würde wohl niemand generelle Aussagen über den Lernerfolg ableiten wollen, auch wenn jedes einzelne dieser Kriterien selbstverständlich wichtig für die Qualität des Lernens ist; am Ende ist für den Lernerfolg aber der Lehrer entscheidend: Der eine kann trotz suboptimaler Umstände sehr gute Lernerfolge erzielen, während der andere trotz eines perfekt ausgestatteten Klassenzimmers und modernster Lernmedien nur mittelmäßige Ergebnisse erreicht.

Die Bio-Branche gibt den Nutztieren mehr Platz und verfolgt

insgesamt eine Landwirtschaft, die stärker an ökologischen Zielen ausgerichtet ist – so haben die Bio-Landwirte viele Verbraucher für sich gewonnen. Dennoch muss sich auch die Bio-Branche wie die konventionelle Landwirtschaft der Tatsache der *Produktionskrankheiten* stellen. Der Umgang mit Nutztieren muss sich letztlich daran messen lassen, wie gesund die Tiere in den Ställen sind: Wie viele Kühe in einem Milchviehbetrieb haben Euterentzündungen und wie viele lahmen, weil auch ihre entzündeten Klauen schmerzen? Wie viele Schweine haben Leber-, Lungen- oder Bauchfellschäden, wie viele Beinschäden, wie viele kauen sich aus Stress und Langeweile gegenseitig die Ohren und Schwänze ab oder beißen stundenlang auf Metallstangen? Wie viele Hühner in einem Stall sind gehunfähig, leiden unter starkem Parasitenbefall oder entzündeten Kloaken? Und wie viele Ferkel und Kälbchen sterben in den ersten Tagen nach ihrer Geburt an vermeidbaren Krankheiten?

Dringend gesucht: Qualitätswettbewerb

Das Ausmaß der *Produktionskrankheiten* systematisch zu erfassen, zu vergleichen und transparent zu kommunizieren hätte weitreichende Vorteile. Zunächst natürlich für die Tiere selbst. Aber auch für die Landwirte: Sie könnten endlich in einen Qualitätswettbewerb eintreten und damit einen Markt verändern, der bislang vor allem möglichst homogene Rohware von ihnen fordert und dafür nur Einheitspreise entrichtet. »Die Schwarzweißdebatte, in der nach dem pauschalisierenden Motto argumentiert wird ›Bio ist gut, konventionell ist schlecht‹ oder ›Klein ist immer besser als Massentierhaltung‹, diese sinnlose Debatte müsste nicht länger geführt werden«, glaubt Albert Sundrum. »Denn dann ginge es in erster Linie darum, in welchen Betrieben die Tiere nachweislich das geringste Ausmaß an Störungen zeigen.«

Selbstverständlich würde nicht der »Stall ohne Krankheiten« zum Ideal erhoben werden – schließlich können in jeder Herde Tiere aus den unterschiedlichsten Gründen krank werden und daran sterben. Aber es gäbe Zielgrößen für den Grad an gerade noch tolerablen Störungen, an denen man sich orientieren könnte. Es würde das praktiziert, was in vielen anderen Branchen bereits seit Jahrzehnten praktiziert wird: Benchmarking, also der systematische Vergleich von Daten aus einzelnen Betrieben mit einer Bezugsgröße. Beim Benchmarking zur Tiergesundheit ginge es nicht um Fleischzuwachs pro Tag oder um die Legeleistung in Relation zu den Futterkosten, sondern um den Vergleich von Gesundheitsindikatoren der Tiere. Das würde nicht nur ihre Situation verbessern, Landwirte bekämen endlich auch die Chance, aus der Tierquäler-Ecke zu kommen, in die sie durch die vorherrschenden Marktbedingungen gedrängt werden.

Am Beispiel der Milcherzeugung lässt sich dies gut aufzeigen. Sehr viele Kühe reagieren auf die Höchstleistungen, die ihnen abverlangt werden, mit Euterentzündungen. Die sind äußerst schmerzhaft und zeigen sich für den Landwirt und Tierarzt unter anderem in einer erhöhten Zahl von Immunabwehrzellen in der Milch. Kühe mit weniger als 100 000 Zellen pro Milliliter Milch gelten in der Regel als »eutergesund«, Zellzahlgehalte über 200 000 deuten bereits auf Störungen der

Eutergesundheit hin, und Milch mit mehr als 400 000 Zellen pro Milliliter stammt – so der Konsens in der Wissenschaft – in der Regel aus erkrankten Eutern. »Häufig sind diese Tiere nicht mehr erfolgreich therapierbar und ein Ansteckungsrisiko für die anderen Tiere der Herde«, sagt der Veterinär Sundrum. In Bayern, dem größten Milcherzeuger unter den Bundesländern, fand man bei rund 11 Prozent der Milchkühe Zellzahlen jenseits der 400 000, wobei die Variation zwischen den einzelnen Betrieben enorm war: In manchen wiesen nur wenige von hundert Kühen eine so stark erhöhte Zellzahl auf, in anderen Betrieben war bis zu einem Drittel der Herde betroffen.

In Betrieben, die der Milchleistungskontrolle angeschlossen sind – und das sind mehr als 85 Prozent der Milcherzeuger –, werden monatlich die Milchzellzahlen jeder milchliefernden Kuh ermittelt und dem Landwirt rückgemeldet. Allerdings hindert niemand die Landwirte daran, auch die Milch von euterkranken Kühen in den Tank auf dem Hof zu füllen. Und nur wenn die *gesamte Tankmilch* wiederholt die 400 000-Grenze überschreitet, muss er mit Preisabschlägen und nur im schlimmsten Fall mit Sanktionen rechnen; doch das passiert nur selten, weil der Landwirt die Milch der euterkranken Tiere mit der Milch der eutergesunden so mischen kann, dass die Zellzahl *im Tank* unter der kritischen Grenze bleibt. Man kann daraus ableiten, dass der Verbraucher mit jedem Milchprodukt auch die Milch kranker Kühe verzehrt, ohne dass ihm dies bewusst ist. »Würde der zulässige Schwellenwert bezogen auf die Tankmilch für die *einzelne Kuh* gelten und Milch oberhalb von 400 000 Zellen aus dem Markt genommen, hätte dies vielfältige Vorteile«, sagt Albert Sundrum: Zum einen würde ein relevanter Beitrag zum Tierschutz erbracht, weil ein nachhaltiger Anreiz bestünde, die Kühe gesund zu halten. Durch die fehlende Milch der kranken Kühe würde zudem die Gesamtmilchmenge am Markt reduziert, Albert Sundrum schätzt die Größenordnung auf 5 bis 10 Prozent; das würde den Milchpreis zum Vorteil der Bauern steigen lassen, weil sich die Gesamtmenge an Milch im Markt verknappen würde. Der Wettbewerb unter den Bauern wäre zudem fairer, weil die Milch erkrankter Tiere nicht den gleichen Preis erzielen würde wie die Milch von eutergesunden Kühen.

Die Milchqualität insgesamt würde verbessert, ebenso der Vertrauensschutz der Verbraucher: Ihnen würde keine »gesunde Milch« mehr von de facto kranken Kühen untergejubelt – egal, ob im Joghurt, Käse, der Vollmilchschokolade oder in irgendeinem anderen hochgradig verarbeiteten Produkt, das Milchzucker, Milcheiweiß oder sonstige Milchbestandteile enthält. Kein Tierschutzlabel kann diesen marktdurchdringenden Effekt haben wie der einfache Kniff, der Zellzahl eine neue Funktion im Markt zuzuweisen – eine veritable Tierschutz-Funktion nämlich. Natürlich wäre dies ein regulatorischer Eingriff, aber einer, der allen nutzt, weil er dazu beiträgt, den Wettbewerb auf die richtigen Ziele – bessere Tiergesundheit und damit mehr Tierschutz – auszurichten.

Der Markt versagt (den Tieren Schutz)

Die derzeitige Situation der Landwirtschaft zeigt das krasse Gegenteil, der Wettbewerb produziert systematisch Verlierer: Ein großer Teil der Tiere leidet; ein großer Teil der Landwirte ringt im ruinösen Preiskampf ums Überleben der Betriebe, trotz der Subventionen in Milliardenhöhe aus Brüssel; und auch die Verbraucher gewinnen nur scheinbar durch die billigen tierischen Produkte, denn sie büßen Qualität ein, Transparenz und Entscheidungshoheit. Der Wettbewerb, so wie er jetzt organisiert ist, ist höchst unfair. Er ist unfair, weil er zu Lasten von Gütern des Gemeinwohls ausgetragen wird. »Es kann nicht länger ignoriert werden, dass die Landwirtschaft in ihrem Bemühen, die Produktivität hoch und die Preise niedrig zu halten, den Umwelt-, Verbraucher- und Tierschutz in hohem Maße beeinträchtigt«, konstatiert Professor Sundrum. Denn die Landwirtschaft setzt – weitgehend unreguliert – mehr klimaschädliche Gase frei als der Verkehr und nutzt die Umwelt als kostenloses Depot für die immensen Nährstoffüberhänge. Außerdem schadet sie Verbraucherinteressen durch die unverantwortlich hohe, resistenzfördernde Antibiotikaanwendung in den Ställen und durch die Verbreitung pathogener Keime.

Das sind schwere Vorwürfe an die Branche, doch der unfaire Wettbewerb richtet sich auch gegen die Landwirte selbst, jedenfalls gegen einen Teil von ihnen. »Es bestehen unfaire Wettbewerbsbedingungen, wenn Landwirte für unterschiedliche qualitative Leistungen den gleichen Preis erzielen«, kritisiert Sundrum. »Dadurch verschaffen sich diejenigen Betriebe Wettbewerbsvorteile, die mit Minimalaufwendungen mindere Qualitäten auf Kosten von Gemeingütern erzeugen, während diejenigen einen finanziellen Nachteil haben, die sich über Mehraufwendungen um eine Qualitätserzeugung bemühen. Das Geld der Verbraucher und die Subventionen aus Brüssel müssen aber diejenigen belohnen, die das Gemeinwohl nachweislich weniger belasten.«

Das ist kein Plädoyer gegen den Wettbewerb, sondern eines für eine andere, eine faire und an Qualitätskriterien orientierte Konkurrenz. Albert Sundrum: »Eine Agrarpolitik, die nicht regulierend eingreift, wenn Güter des Gemeinwohls erodieren, sondern darauf hofft, dass sich die Interessenskonflikte an runden Tischen oder über Dialogplattformen klären lassen, verfehlt ihre originäre Aufgabe. Angesichts des offensichtlichen Marktversagens ist es Aufgabe der Politik, die Prozesse mit den richtigen Anreizen im Sinne des Gemeinwohls zu steuern. Aber die Politik verweigert sich seit Jahren, dies mittels ordnungspolitischer Maßnahmen zu tun.«

Staat und Gesetzgeber sind deshalb so dringend gefragt, weil der *Markt* dauerhaft unerwünschte Ergebnisse liefert. Er liefert zwar Fleisch, Milch und Eier in überreichen Mengen zu bezahlbaren Preisen, aber diese Preise sind ein Selbstbetrug. Denn sie enthalten weder die Milliardensubventionen für die Landwirtschaft, die wir als Steuerzahler auf Umwegen entrichten. Noch enthalten sie die Schäden am Gemeinwohl. Stattdessen hat der Markt das massive Leiden der Tiere ausgeklammert. Zu gewöhnlichen Produktionsmitteln degradiert, leiden sie millionenfach unter *vermeidbaren Produktionskrankheiten* und zahlen jenen Preis, den der Markt nicht selbst aufzubringen in der Lage ist.

Wer das Tierschutzgesetz ernst nimmt, das wir uns als Gesellschaft gegeben haben, kann nicht hinnehmen, dass ihm fortwährend zuwidergehandelt wird. Das Gesetz verlangt, dass wir Tiere als leidensfähige, fühlende Wesen behandeln, es erlegt uns die ethische und verfassungsrechtliche Pflicht auf, sie so weit wie irgend möglich frei von Leid, Schmerzen und körperlichen Schäden zu halten.

Wer diesen Anspruch aufweichen oder ganz aufgeben will, weil er nicht mit den Gesetzen des internationalen Wettbewerbs oder den Gewinnerwartungen der Lebensmittelwirtschaft kompatibel sei, soll offen dafür eintreten, das Tierschutzgesetz wieder abzuschaffen oder in einem separaten Nutztierschutzgesetz all das zu legalisieren, was heute täglich in den Ställen passiert.

Solange uns aber deutsche und europäische Gesetze zu einem verantwortungsvollen Umgang mit den Tieren verpflichten, müssen sie erfüllt werden. Diese Verpflichtungen sind bindend, sie dürfen weder von den Kaufentscheidungen der Verbraucher abhängig gemacht werden noch von freiwilligen Initiativen der Lebensmittelwirtschaft. Es darf kein Tierprodukt mehr in den Handel kommen, das nicht nachweislich tiergerecht erzeugt wurde.

Die überfällige fundamentale Wende in der Tierhaltung muss kommen, national und auf europäischer Ebene. Dass Europa eine hohe Hürde darstellt, darf die deutsche Politik nicht daran hindern, für eine solche europaweite Zielausrichtung zu werben und zu streiten. Der Anspruch deutscher Politiker muss es sein, dass alle europäischen Nutztiere tiergerecht gehalten werden.

Damit die Tierhaltung nicht ins außereuropäische Ausland abwandert und ihre Billigimporte die tiergerecht hergestellten Produkte europäischer Anbieter verdrängen, braucht es ein europaweites Vermarktungsverbot für Produkte, die den

EU-Anforderungen nicht genügen. Handelsrechtlich ist das schwierig, nach den Vorgaben der Welthandelsorganisation WTO aber möglich. Der faire Umgang mit den Tieren macht den Versuch zwingend, die EU ist dazu sogar verpflichtet – der Tierschutz ist Teil der europäischen »Verfassung«.

Die Wende in der Tierhaltung, die sich in hoher Gesundheit der Tiere zeigt, hat ihren Preis. Das Fleisch, die Milch, die Eier werden teurer werden, ebenso die tierischen Zutaten in verarbeiteten Produkten. Aber das ist nicht die unbequeme ökonomische Wahrheit am Ende eines Buchs. Die viel wichtigere Erkenntnis ist, dass ohne eine fundamentale Wende in der Nutztierhaltung die Ökonomie der Tierqual weiter besteht.

Ohne die klare politische Zielvorgabe, die Lebensbedingungen aller Nutztiere so zu gestalten, dass sie weder massenhaft krank noch verhaltensgestört werden, wird auch eine der größten Verbrauchertäuschungen im Lebensmittelmarkt fortbestehen: dass nämlich die von Tieren stammenden Lebensmittel und Lebensmittelzutaten angeblich von gesunden Tieren stammen. Für die unvermeidlich höheren Preise bekämen alle die Gewissheit, dass tierische Lebensmittel garantiert tiergerecht erzeugt wurden, dass sie nicht von krank gemachten Tieren stammen.

Nur wenn die gesamte Branche dazu gezwungen wird, das Ausmaß an Erkrankungen und Quälereien offenzulegen, das durch gnadenlosen Preiskampf unter Handelskonzernen und ebenso erbarmungslosen Preisdruck jeder Lieferstufe auf die schwächsten Glieder in der Kette entsteht, wird sich die Situation in den Ställen verbessern. Wäre Tierkrankheit eine deklarationspflichtige Zutat, die Branche hätte das höchste Interesse daran, dass die Tiere gesund gehalten werden.

Jeder soll Eier, Milchprodukte oder Fleisch verzehren können und auch Schokolade, Backwaren und viele andere Lebensmittel, in denen tierische Produkte verarbeitet sind. Aber niemand hat das Recht auf billige Produkte mit tierischen Inhalten, die um den Preis der Tierqual erzeugt wurden. Es gibt kein Menschenrecht auf Schnitzel, wohl aber einen Anspruch der Tiere auf Respekt und auf Schutz vor vermeidbaren Qualen. Das ist der Preis der Tiergerechtkeit. Sie hat Vorrang vor der Wahlfreiheit der Verbraucher. Die Devise lautet: Sonntagsbraten und andere tierische Produkte für alle, die wollen. Aber ohne Tierqual. Und mit gutem Gewissen.

Kapitel 5

Fazit: Was sich ändern muss

Dieses Buch zeigt: Wenn wir den Schutz der Tiere ernst nehmen und keine Lebensmittel mehr von kranken Tieren essen wollen, muss dieser Schutz für *alle* Tiere eingeführt und gesetzlich garantiert werden. Andernfalls bleibt Tierschutz ein Nischen- und Elitenprojekt zur Beruhigung des Gewissens einer kleinen Minderheit der Verbraucher, während die allermeisten Tiere weiterhin ein qualvolles Dasein fristen.

Würden wir das Tierschutzgesetz ernst nehmen, gäbe es flächendeckenden Tierschutz – und keine Notwendigkeit für dieses Buch. Bereits jetzt verlangt das Gesetz vom Tierhalter, dass er »das Tier seiner Art und seinen Bedürfnissen entsprechend angemessen ernähren, pflegen und verhaltensgerecht unterbringen muss«, dass er die dafür notwendigen Kenntnisse und Fähigkeiten mitbringt und dass er »die Möglichkeit des Tieres zu artgemäßer Bewegung nicht so einschränken darf, dass ihm Schmerzen oder vermeidbare Leiden oder Schäden zugefügt werden.« Inzwischen ist jeder Nutztierhalter sogar formal verpflichtet, »geeignete tierbezogene Merkmale (Tierschutzindikatoren) zu erheben und zu bewerten«, mit denen die Einhaltung des Tierschutzgesetzes sichergestellt werden soll.

Doch diese Anforderungen werden nicht erfüllt: Jeden Tag wird abertausendfach gegen geltendes Recht verstoßen, werden Nutztiere krank und verhaltensgestört *gemacht*, werden die allermeisten Verstöße von den Behörden geduldet. Jeden Tag werden deshalb unzählige, von Tieren stammende Lebensmittel unter rechtswidrigen Umständen erzeugt, verarbeitet und verkauft.

Warum das so ist? Weil die Nutztiere keine Wähler sind und weil sie das schwächste Glied in einem Markt sind, dessen Regeln es selbst dem wohlwollendsten und bestqualifizierten Landwirt kaum erlauben, seine Tiere gesetzeskonform zu halten und dabei auch wirtschaftlich zu überleben.

Stattdessen herrscht ein ökonomischer Druck, der die Landwirte überfordert und die Tiere krank macht. Die Bauern selbst reden sich ein, dass nur gesunde Tiere die ihnen abverlangten Höchstleistungen erbrächten und es den Tieren deshalb so schlecht nicht gehen könne. Doch diese Ansicht ist wissenschaftlich klar widerlegt: Auch kranke Tiere sind für eine gewisse Zeit zu sehr hohen Leistungen fähig, zudem belegen die Zahlen, dass regelmäßig eben doch erschreckend viele Nutztiere krank sind und leiden. Den Verbrauchern wird trotzdem eine heile Welt aus gesunden, ja glücklichen Tieren vorgegaukelt, deren angeblich »hochwertige« Lebensmittel sie »genießen« dürfen.

Für den Landwirt lohnt sich zusätzlicher Aufwand für mehr Platz im Stall, für mehr Auslauf, tierfreundlichere Stallböden, artgemäßes Futter oder intensivere Betreuung einfach nicht. Die Marktpreise, die sich in einem harten nationalen und internationalen Wettbewerb herausbilden, geben es nicht her.

Denn dieser Wettbewerb kennt keine Grenzen der Qualen, die den Tieren auferlegt werden dürfen. In diesem Sinne sind die Marktpreise auch keine fairen Wettbewerbspreise, die die Produktionskosten widerspiegeln. Denn wesentliche Kosten, nämlich Leiden und Krankheiten, müssen die Tiere selbst entrichten, nicht jedoch die Hersteller, der Handel und am Schluss der Kette die Verbraucher.

Kranke Tiere lohnen sich besonders für jene Akteure des Systems, für die tierische Erzeugnisse nur Rohstoffe sind, die es möglichst billig einzukaufen gilt. Die Bauern müssen immer mehr Tiere mit immer höheren Leistungen halten, um über die Runden zu kommen. Überangebot an tierischen Produkten im Markt macht es den Einkäufern der Handelskonzerne und der Lebensmittelindustrie leicht, die Preise zu drücken. Es ist nicht verwunderlich, dass sich Handel und Verarbeiter in dieser Überangebotssituation einen immer größeren Teil vom Kuchen gesichert haben und das bestehende System unbedingt erhalten wollen.

Doch bisher schreitet die Politik nicht gegen dieses System der wirtschaftlich motivierten, massenhaften Tierqual ein; sie unternimmt nichts gegen die massive Verbrauchertäuschung in den Supermärkten und gegen die Ausbeutung von Bauern. Stattdessen werden uns Scheinlösungen präsentiert, die das allgemeine Unwohlsein über die Probleme der Nutztierhaltung überdecken sollen: Bauern erhalten etwas Geld; Verbraucher werden beruhigt, damit sie nur ja ihre Konsumgewohnheiten nicht verändern – und manche Tiere kommen in den Genuss von Verbesserungen, deren Wirkungen wissenschaftlich jedoch kaum zu überprüfen sind.

Kapitel 5

Keine Scheinlösungen!

Alle bisherigen Maßnahmen und Projekte laborieren an Details und Symptomen und tragen deshalb wenig zur Beendigung der skandalösen Zustände bei. Das gilt für alle Versuche, die ökologische Landwirtschaft per se als Lösung zu überhöhen, denn auch sie erzeugt in ihrer derzeitigen Form massives Tierleid und vielfältige Krankheiten bei Nutztieren; zudem ist die ökologische Landwirtschaft nur eine Nische mit sehr geringen Marktanteilen. Bei Fleisch und Fleischprodukten sind es nur zwischen 0,7 (Geflügel), 1,2 (Schwein) und 2,4 (Rind) Prozent. Von einem Bio-Boom kann überhaupt nicht die Rede sein.

Es gibt eine Vielzahl von Projekten auf Ebene der Länder und des Bundes, die in diesem Buch nicht im Detail gewürdigt wurden. Dazu gehören finanzielle Anreize für zumeist freiwillige Vereinbarungen mit den Tierhaltern etwa zum Ausstieg aus dem Schnabelkürzen bei Legehennen, zum Verzicht auf das Töten frisch geschlüpfter männlicher Küken von Legehühnern, zum Verzicht auf das Kupieren der Ringelschwänze sowie das betäubungslose Kastrieren männlicher Mastschweine. Alle diese Maßnahmen mögen ihre Berechtigung haben – und das ihnen zugrundeliegende Engagement ist aller Ehren wert.

Und doch steht außer Zweifel, dass all diese Maßnahmen das System der Tierqual-Ökonomie weder stoppen noch durchbrechen können, weil das ursächliche Problem, das schwerwiegende Markt- und Regulierungsversagen auf Kosten von Millionen wehrloser Tiere, nicht konsequent angegangen wird.

Das bestehende System kann nicht durch Tierschutzlabel oder andere Kennzeichnungsideen, seien sie staatlich oder privat, beendet werden. Und die vorgeschlagene Übertragung der bei Schaleneiern schon heute vorgeschriebenen Kennzeichnung 0, 1, 2, 3 auf Fleischprodukte berücksichtigt das Problem der *Produktionskrankheiten* schon gleich gar nicht.

Selbst wenn sich durch ein staatlich geschütztes und massiv beworbenes Tierschutzlabel für tiergerecht erzeugte Produkte ein Marktanteil von 20 Prozent realisieren ließe, wie es der *Wissenschaftliche Beirat für Agrarpolitik* für möglich hält, so würden immer noch 80 Prozent, also vier von fünf Tieren, weiterhin unter den Bedingungen der bestehenden Tierqual-Ökonomie zu leiden haben. Niemand kann das ernsthaft wollen, geschweige denn rechtfertigen.

Zu den Scheinlösungen gehört auch die *Initiative Tierwohl* der Handelskonzerne, der Fleischwirtschaft und des Bauernverbandes. Sie ist bei Licht besehen nichts anderes als der Versuch der Hauptprofiteure der Tierqual-Ökonomie, unter dem Deckmantel eines Wohlfühlbegriffs wie »Tierwohl« *business as usual* zu betreiben. Denn die Tiere müssen weiterhin unter völlig unzureichenden Bedingungen Höchstleistungen erbringen, die Bauern werden weiterhin überfordert, auch wenn einige wenige von ihnen etwas Extra-Geld für fragwürdige *Tierwohl*-Maßnahmen bekommen, die mit Sicherheit *nicht* die zentralen Probleme der Nutztierhaltung beseitigen werden. Die Handelsriesen kostet die *Initiative Tierwohl* nicht viel mehr als eine Extra-Werbemaßnahme – mit allerdings ungleich höherer Rendite: Ausgaben von 85 Millionen Euro jährlich an die Landwirte stehen Milliardeneinnahmen aus dem Verkauf tierischer Lebensmittel gegenüber. Damit ist die *Initiative Tierwohl* gleichermaßen Betrug an den Tieren, den Landwirten und den Verbrauchern. Die *Freiwilligkeit* solcher Maßnahmen wird nur bewirken, dass das krank machende Hochleistungsdiktat für die meisten Nutztiere und viele Bauern ungestört fortbestehen kann.

Eines der grundlegenden Rechte der Verbraucher ist ihre Freiheit auszuwählen. Bei von Tieren stammenden Lebensmitteln würde die Wahl auf der Basis eines Tierschutzlabels darin bestehen, zwischen Tierqual oder Tiergerechtheit zu entscheiden. Wir sollten uns nicht auf ein solches Wahl-Glatteis locken lassen von Politikern, die noch nicht einmal den Versuch unternehmen, einen massiv versagenden Markt durch regulatorische Eingriffe tiergerecht zu machen. Wir sollten uns als einzelne (!) Verbraucher nicht die Aufgabe aufbürden lassen, durch individuelle Kaufentscheidungen zu einem besseren Leben der Nutztiere beizutragen. Geht es doch unbezweifelbar darum, allgemeine Güter wie akzeptable Lebensbedingungen für Tiere gesellschaftlich auszuhandeln und dann politisch durchzusetzen.

Nur noch Lebensmittel von gesunden Tieren!

Heute ist es *unwirtschaftlich*, Nutztieren jene Lebensbedingungen und jenes Maß an Betreuung zuteilwerden zu lassen, die ihnen von Gesetzes wegen zustehen und notwendig wären, um *vermeidbare Produktionskrankheiten* auch tatsächlich auszuschließen.

Aus sich selbst heraus wird sich dieses System nicht grundlegend erneuern, es wird vielmehr alles daransetzen, sich zu halten! Die Tiere haben keine Stimme, und die Bauern können sich angesichts des herrschenden Preisdrucks höhere Kosten für den Tierschutz nicht leisten. Die *Profiteure* in Handel und Verarbeitung wollen keine höheren Preise, sondern ein Überangebot an billigen Rohwaren, das ihnen das Preisedrücken erleichtert.

Die Verbraucher verfügen weder über die notwendigen (Fach-)Kenntnisse noch über zuverlässige Informationen, um tierische Produkte von nichtleidenden, gesunden Tieren kaufen zu können. Zumal für den einzelnen Verbraucher kein wirklicher Anreiz besteht, das herrschende System durch seine individuellen Kaufentscheidungen – entsprechende Informationen vorausgesetzt – zu ändern; denn solange sich andere Verbraucher massenhaft anders entscheiden, bleibt beim wohlmeinenden Konsumenten das Gefühl zurück, der Dumme zu sein.

Die Politik hat kein Interesse, sich mit den mächtigen Lobbygruppen der Agrarwirtschaft, der Lebensmittelhersteller und der Handelskonzerne anzulegen. So werden zur allgemeinen Beruhigung Subventionen ausgeschüttet, Krisengipfel wegen des anhaltenden Preisverfalls einberufen und *freiwillige* Initiativen, Modellprojekte etc. kreiert.

Dabei wäre es dringend nötig, dass der Staat *jetzt* damit beginnt, tiergerechte Produktion durch staatlichen Zwang flächendeckend herzustellen und durchzusetzen – in Deutschland und in der EU. Diese Produktion gilt es dann durch konsequente Außenhandelsregeln gegen importierte Tierqual zu schützen.

Die gesetzlichen Maßnahmen müssen folgende zentralen Bereiche adressieren:

- **Tierschutzgerechte Haltungsbedingungen für alle:** Stallgrößen, Stallböden, Auslaufmöglichkeiten, Herdengrößen, Besatzdichten, Klimabedingungen und vieles mehr müssen so beschaffen sein, dass die Tiere ihre arttypischen wesentlichen Verhaltensweisen ausüben können. Zugleich dürfen weder vermeidbare Verhaltensstörungen geduldet noch durch Amputationen von Körperteilen die Tiere den Haltungsbedingungen angepasst werden.
- **Gesundheitsmanagement auf Betriebsebene:** Tiergerechte Haltungsbedingungen sind notwendige, aber keine hinreichenden Voraussetzungen für eine tiergerechte Lebensmittelproduktion. Die Landwirte benötigen eine entsprechende Aus- und Fortbildung sowie ausreichende personelle Ausstattung, um Tiergerechtheit gewährleisten zu können.
- **Betriebliches Gesundheitsmonitoring:** Krankheiten und Verhaltensstörungen müssen in jedem Betrieb anhand gesetzlich genau definierter Indikatoren dokumentiert und die tiergesundheitliche Qualität der Tierhaltung durch Betriebsvergleiche optimiert werden. Bisher sind weder Monitoring noch Dokumentation vorgeschrieben.
- **Staatliche Tierschutzüberwachung:** Unter Einbeziehung der vorgenannten Daten muss eine lückenlose Krankheitsberichterstattung aller Nutztiere erfolgen. Die Tierhaltungskompetenz der Landwirte und die Lebensbedingungen der Nutztiere in jedem Betrieb müssen konsequent behördlich erfasst werden. Ziel und Aufgabe muss es sein, Erkrankungen der Tiere so weit wie möglich zu verhindern. Dabei sollten Kontrollinstrumente eingesetzt und weiter-

entwickelt werden, die sich in der Lebensmittelhygiene bewährt haben. Zum Beispiel können bei der Milchkuh die regelmäßig erhobenen Milchproben und bei Schlachttieren die Befunde der Fleischbeschau als Maßstab für die Gesundhaltung verwendet werden.

- **Hochleistungsziele in der Tierzucht ändern:** Die Züchtung von hochspezialisierten, auf einseitige Höchstleistungen ausgerichteten Nutztieren für die Milch-, Fleisch- und Eierproduktion hat Wesen geschaffen, die permanent am Rande ihrer körperlichen Belastbarkeit leben und dadurch bei kleinsten Fehlern in der Haltung, Fütterung und Pflege erkranken. In der Tierzucht müssen Robustheit und körperliche Gesundheit der Nutztiere vorrangige Zuchtziele werden, damit das Gros der Landwirte zukünftig in der Lage ist, mit angemessenem Aufwand und guten Kenntnissen gesunde Tiere zu halten.

All diese Forderungen sind kein Luxus. Sie stellen das eigentlich Selbstverständliche dar, das Minimum, das wir Menschen den Tieren schulden, wenn wir sie zu unseren Nahrungszwecken nutzen.

Verbraucher müssen tiergerechte Preise zahlen!

Es führt kein Weg daran vorbei: Um die Nutztiere ohne Störungen ihres Verhaltens und ihrer körperlichen Gesundheit zu halten, muss wesentlich mehr Aufwand betrieben werden, als es heute Standard ist. Das kostet Geld. Es ist der Preis, den wir zahlen müssen, um das Leiden der Tiere zu verhindern.

Sowohl bei den präventiven Maßnahmen wie Stallgröße, Außenklimazugang oder Tierbeobachtung als auch bei der systematischen Überprüfung und Verbesserung des Gesundheitszustands der Tiere entstehen Mehrkosten. Gleiches gilt für die Zucht widerstandsfähigerer Rassen, die weniger »leisten« und damit zusätzliche Kosten verursachen.

Diese Kosten fallen bei jedem einzelnen Landwirt an. Dafür müssen die Landwirte angemessene Preise erhalten. Entsprechende Preise werden sich jedoch nur bilden, wenn die nötigen Tierschutzmaßnahmen für alle Tierhalter gesetzlich vorgeschrieben sind. Freiwilligkeit dagegen führt zu einem Unterbietungswettbewerb, aus dem die »Tierqual«-Produkte als Gewinner hervorgehen werden.

Was eine tiergerechtere Erzeugung den Verbraucher kostet, kann nur geschätzt werden. Der *Wissenschaftliche Beirat für Agrarpolitik* beim Bundeslandwirtschaftsministerium geht davon aus, dass »tierschutzinduzierte zusätzliche jährliche Kosten in der Größenordnung von ca. 3 bis 5 Mrd. Euro bzw. Erhöhungen der derzeitigen Produktionskosten um 13 bis 23 %«[1] entstehen werden. Diese Kosten entsprechen laut *Wissenschaftlichem Beirat* etwa 0,1 bis 0,2 Prozent des Bruttonationaleinkommens oder 3 bis 5 Prozent der Aufwendungen privater Haushalte für Lebensmittel in Deutschland.

Der *Deutsche Tierschutzbund* rechnet damit, dass Fleisch, das die Anforderungen seines Labels »Für mehr Tierschutz« in der Einstiegsstufe erfüllt, etwa ein Drittel mehr kostet als Standardware, und die Premiumstufe ein weiteres Drittel teurer ist. Es ist folglich anzunehmen, dass Label-Strategien, die lediglich auf (kleine) Teile des Marktes zielen, mit Mehrpreisen zwischen 30 und 60 Prozent höhere Preisaufschläge für Verbraucher zur Folge haben werden als die flächendeckende Einführung gesetzlicher Standards, die auf tiergerechte Lebensbedingungen für alle Nutztiere zielen.

Man wird nicht ganz falschliegen mit der Annahme, dass der Liter Vollmilch nicht mehr rund 50 Cent kosten würde, sondern etwa 75 bis 90 Cent. Ein Ei aus Bodenhaltung wäre nicht mehr für weniger als 15 bis 20 Cent zu haben anstatt heute für 10 bis 12 Cent. Das Schweineschnitzel (200 Gramm) würde mit 1,80 bis 2,30 Euro zu Buche schlagen und nicht mehr als Schnäppchen für 1,00 bis 1,40 Euro im Supermarkt-Werbeflyer locken. Ein Masthühnchen (1,2 Kilogramm) würde rund 4,50 bis 5,60 Euro kosten im Vergleich zu 3,50 Euro heute. Und für ein Rindersteak (200 Gramm) müsste man richtig tief in die Tasche greifen, nicht mehr 4,50 bis 5,00 Euro stünden auf der Rechnung, sondern 6,00 bis 8,00 Euro.[2]

Der Aufschrei ist abzusehen. Tierschutz hin, Tierschutz her, Lebensmittel müssen »bezahlbar« bleiben – das ist das Mantra der Politiker und Verbandsfunktionäre. Aber was heißt bezahlbar?

Zuerst kommt doch die Frage, wie hoch die Kosten sind, die durch die Preise abgedeckt werden müssen. Wollen wir, dass die Tiere weiterhin mit ihrer Gesundheit bezahlen und leiden müssen? Dass sie die Fleisch-, Milch- und Eierpreise mit ihren Schmerzen quasi subventionieren? Wenn ja, dann sollten wir so ehrlich sein und zugeben, dass wir uns flächendeckenden Tierschutz nicht leisten wollen, aber damit weiterhin gegen unsere eigenen Gesetze und sogar die Europäische Verfassung verstoßen. Denn diese postuliert, dass Tiere »fühlende« Wesen sind und als solche auch behandelt werden müssen.

Die zweite Frage ist, wer für die Kosten tiergerechter Produktion aufkommen muss, wenn man den Tieren Leid und Krankheit ersparen will. Die Antwort ist eindeutig: Derjenige, der diese Produkte haben will, muss den kostendeckenden Preis zahlen, also der Verbraucher! Alles andere ist weder marktwirtschaftlich noch ethisch vertretbar!

Wenn es Menschen gibt, die sich einen maßvollen Konsum tierischer Lebensmittel nicht mehr leisten können, die Gesellschaft ihnen dies aber ermöglichen will, muss die Lösung dafür aus der Sozialpolitik kommen, nicht aus der Agrarpolitik. Keinesfalls dürfen Armut und bessere Lebensbedingungen der Tiere gegeneinander ausgespielt werden.

Zudem darf nicht vergessen werden, dass der wegen höherer Preise vermutlich sinkende Konsum von Fleisch, Milch und Eiern ein ökologischer Segen wäre. Sinkender Konsum tierischer Lebensmittel trägt zum Klima-, Boden- und Wasserschutz bei und leistet einen entscheidenden Beitrag für die Welternährung. Denn die Produktion tierischer Kalorien und tierischen Eiweißes hat einen drei- bis achtmal größeren landwirtschaftlichen Flächenbedarf als die Produktion pflanzlicher Lebensmittel. Weniger Konsum tierischer Lebensmittel bedeutet, dass mehr Menschen satt werden können.

Gerechter Wettbewerb für die Landwirte!

Eine tiergerechte Lebensmittelproduktion garantiert allerdings nicht, dass es der Mehrzahl der Landwirte besserginge als heute. Der Großteil der Wertschöpfung bleibt heute bei der Weiterverarbeitung und beim Einzelhandel hängen. Im Durchschnitt erhalten die Landwirte nur noch ein Viertel vom Endverkaufspreis der Lebensmittel. Vor 50 Jahren waren es rund zwei Drittel. Positiv ist: Bei der Umsetzung eines flächendeckenden Tierschutzes werden gleiche Ausgangsbedingungen herrschen, und der Tierschutz wird nicht mehr Gegenstand eines Unterbietungswettbewerbs sein. Der ruinöse Preiswettbewerb wird nicht mehr auf Kosten der Tiere gehen, wenn die gesetzlichen Vorschriften umgesetzt und überwacht werden. Aber auch wenn tiergerechte Produktion für alle Betriebe gesetzlich vorgeschrieben ist: Bei den derzeitigen Machtverhältnissen auf dem Lebensmittelmarkt – insbesondere beim Einzelhandel, den fünf Großkonzerne dominieren – wird der Preisdruck auf die landwirtschaftlichen Produzenten unvermindert anhalten. Er wird dazu führen, dass nur die großen, rentabel produzierenden Betriebe Gewinne einfahren können. Eine »kleinbäuerliche Landwirtschaft«, die sich viele Kritiker des bestehenden Systems wünschen, wird sich damit nicht einstellen. Betriebsgrößen bestimmen ja nicht automatisch die Haltungsbedingungen, wie wir in diesem Buch dargelegt haben. Das heißt, große Betriebseinheiten können die Mehrkosten tiergerechter Produktion wahrscheinlich leichter schultern als Kleinbetriebe. Wer also tiergerechte Produktion mit der Forderung nach kleinbäuerlichen Strukturen verbinden will, muss entsprechende agrarpolitische Maßnahmen ergreifen, um dieses Ziel zu erreichen. Die gegenwärtige Subventionspraxis der Europäischen Agrarpolitik fördert allerdings die Betriebskonzentration und das Entstehen immer größerer Betriebe.

Tiergerechtheit nicht dem Freihandel opfern!

Verteidiger der herrschenden Zustände führen zwei Argumente ins Feld, mit denen sie alle Versuche, die skandalösen Zustände in der Tierhaltung zu beenden, wie mit einer Keule erschlagen.

Das erste Argument – »Lebensmittel müssen bezahlbar bleiben« – ist wie bereits erwähnt eine Aufgabe der Sozial- und nicht der Agrarpolitik.

Das zweite Argument lautet, Verbesserungen im Tierschutz seien nicht möglich, weil die Betriebe dann ins Ausland abwanderten bzw. weil dann Billigimporte die teureren tiergerechten Produkte aus dem Inland verdrängten. Diese Argumentation geht von der falschen Annahme aus, dass sich europäische Tierschutzstandards im System der Regeln und Institutionen des internationalen Handels nicht durchsetzen lassen, ohne die eigenen Produzenten zu diskriminieren und zu gefährden.

Offensichtlich macht es nur Sinn, den Tierschutz, wie er in diesem Buch entwickelt worden ist, nicht auf nationaler Ebene, sondern auf europäischer Ebene durchzusetzen. Nicht nur weil die Regeln des Binnenmarktes dies erfordern, sondern auch weil die EU für den Außenhandel der Gemeinschaft zuständig ist. Ein Mitgliedstaat, der den Tierschutz in der Nutztierhaltung fundamental verbessern will, muss sich deshalb in den europäischen Institutionen, vornehmlich im Ministerrat, dafür einsetzen. Die rechtlichen Voraussetzungen dafür sind durchaus gegeben. Die beliebte Strategie (auch) deutscher Politiker, die EU als Vorwand für Nichthandeln vorzuschieben, ist reine Ablenkung.

Außerdem hat die Europäische Union nicht nur das Recht, sondern sogar die Pflicht, Nutztiere tiergerecht zu halten. Der entsprechende europäische Verfassungsartikel hält die Union und ihre Mitgliedstaaten ausdrücklich dazu an, »den Erfordernissen des Wohlergehens der Tiere als fühlende Wesen in vollem Umfang Rechnung zu tragen«. Damit sind alle Chancen gegeben, über eine fundamentale Wende in der Tierschutzpolitik nicht nur zu reden, sondern sie auch durchzusetzen.

Wenn die EU tiergerechte Produktion in der Landwirtschaft etablieren und diese gegenüber Konkurrenz aus Drittstaaten absichern will, muss sie ein generelles Vermarktungsverbot für tierische Produkte in der EU verhängen, die diesem Standard nicht entsprechen. Da die EU und ihre Mitgliedstaaten an die Regelungen der Welthandelsorganisation WTO gebunden sind, kann nicht ausgeschlossen werden, dass derartige handelsbeschränkende Maßnahmen vor die Streitschlichtung der WTO gebracht und im äußersten Fall mit Handelssanktionen geahndet werden.

Doch wäre die EU keineswegs chancenlos. Das geforderte Vermarktungsverbot für nicht tiergerecht erzeugte Produkte kollidiert zwar mit allgemeinen Vorschriften der WTO über das Verbot von Handelsbeschränkungen, könnte aber durch

Ausnahmevorschriften gerechtfertigt werden. In Anlehnung an eine jüngst ergangene Entscheidung der WTO-Berufungsinstanz zu einem Importverbot der EU für Robbenprodukte ließe sich argumentieren, dass die Maßnahmen »für den Schutz der öffentlichen Moral erforderlich sind«. Die EU könnte nachweisen, dass in der europäischen Öffentlichkeit moralische Bedenken über den Umgang mit Nutztieren bestehen und ein Vermarkungsverbot für nicht tiergerecht erzeugte Produkte erforderlich ist, um diesen Bedenken zu entsprechen. Neuere wissenschaftliche Ansätze des internationalen Handelsrechts und des Völkerrechts bestätigen, dass derlei Forderungen nicht unrealistisch sind, sondern auch europarechtlich umsetzbar wären und dem internationalen Handelsrecht nicht grundsätzlich im Wege stehen.[3]

Die Regelungen der WTO können also keine Ausrede sein, ein innereuropäisches Vermarktungsverbot für nicht tiergerechte Erzeugnisse erst gar nicht in Angriff zu nehmen. Die Frage bleibt uns deshalb nicht erspart, wie ernst wir unsere eigenen Bekundungen nehmen, das Leiden und die Qual der Tiere bei der Herstellung unserer Lebensmittel zu beenden Wenn wir sie ernst meinen, darf die EU vor möglichen Handelssanktionen nicht zurückschrecken und muss vielmehr auf die Chance bauen, mit einem Vermarktungsverbot globale Standards zu setzen, die wiederum ökonomische Chancen eröffnen.

Freihandelsinteressen müssen ihre Grenze an der ethischen und rechtlichen Verpflichtung finden, Nutztiere gemäß der europäischen Verfassung als »fühlende Wesen« zu respektieren und entsprechend zu behandeln. Sie sollen frei von Krankheit, Leid und Schmerz leben und ihre wichtigsten arteigenen Bedürfnisse und Verhaltensweisen ausleben können. Dies muss die Richtschnur für die Politik der EU und ihrer Mitgliedstaaten sein, im Binnenmarkt wie im Weltmarkt.

Was Verbraucher tun können:
Fragen Sie den Boss Ihres Kaufmanns!

Auf den folgenden Seiten finden Sie einen vorformulierten Brief, den Sie entweder als Anregung verstehen oder unverändert an die Chefs der größten deutschen Einzelhandelskonzerne senden können. Fragen Sie nach kranken Tieren in den Produkten, nach der Bereitschaft der Unternehmen, den Landwirten angemessene Preise für echte Tierschutzleistungen zu zahlen. Sagen Sie den Bossen, dass Sie ein Ende der Tierqual-Ökonomie wollen und mit dem Ablenkungsmanöver ihrer *Initiative Tierwohl* nicht einverstanden sind – weil die Nutztiere keine Werbegags und Almosen brauchen, sondern Schutzrechte, die ihre Gesundheit und ihre natürlichen Verhaltensweisen endlich bestmöglich sicherstellen.

Kapitel 5

Sehr geehrte(r) ...

der Wissenschaftliche Beirat für Agrarpolitik beim Bundesministerium für Ernährung und Landwirtschaft hat die derzeitigen Haltungsbedingungen eines Großteils der Nutztiere in seinem 2015 veröffentlichten Gutachten für »nicht zukunftsfähig« erklärt.
Als Vorstandsvorsitzender eines der fünf größten Einzelhandelsunternehmen Deutschlands sind Sie einer der Hauptverantwortlichen für das massive Leiden von Millionen lebensmittelliefernden Tieren.
Denn Ihr Unternehmen übt aufgrund seiner Nachfragemacht massiven Preisdruck auf die Lieferanten in der Milch-, Fleisch- und Eierwirtschaft aus, den diese an die Landwirte weitergeben. Für die Landwirte ist es deshalb unter den derzeit herrschenden Marktbedingungen nicht wirtschaftlich, den Aufwand zu betreiben, der für die bestmögliche Haltung, Pflege und Gesundheit ihrer Tiere nötig wäre.
Daran ändert auch die von Ihnen und weiteren Handelsunternehmen gegründete Initiative Tierwohl *nichts. Denn die von der Initiative aufgebrachte Summe von jährlich 85 Millionen Euro ist, gemessen an der benötigten Summe von drei bis fünf Milliarden Euro pro Jahr, nur ein Tropfen auf den heißen Stein. Es muss das Ziel sein, tiergerechte Produktion in der gesamten Nutztierhaltung gesetzlich einzuführen und durchzusetzen. Freiwillige Initiativen – aber auch die ökologische Landwirtschaft – werden dieses Ziel niemals erreichen. Ich fordere Sie daher eindringlich auf, sich öffentlich für eine grundlegende Wende in der Nutztierhaltung einzusetzen, deren Ziel es sein*

muss, die **gesunde Haltung aller Nutztiere in allen Betrieben** zu erreichen. Fordern Sie also von Regierung und Gesetzgeber, die gesetzlichen Voraussetzungen zu schaffen, sowohl auf nationaler als auch europäischer Ebene, um das bestehende Tierqual-System zu beseitigen und durch tiergerechte Produktionsbedingungen zu ersetzen.

Sie haben es mit Ihrer Marktmacht in der Hand, den nötigen Systemwechsel tatsächlich voranzutreiben und politisch einzufordern. Nutzen Sie Ihre Lobbymacht, um gesellschaftspolitischen Fortschritt zu ermöglichen! Fordern Sie von der Politik verbindliche Regeln! Und fordern Sie von der EU-Kommission, die Würde der Tiere nicht dem Freihandel zu opfern, sondern mit einem generellen Vermarktungsverbot für nicht tiergerechte Produkte in der EU auch weltweit neue Standards zu setzen!

Mir ist bewusst, dass ein solcher Systemwechsel bedeutet, dass ich als Verbraucher mehr Geld für tierische Lebensmittel ausgeben muss. Dazu bin ich bereit.

Ihrer Antwort sehe ich mit großem Interesse entgegen.

Mit freundlichen Grüßen

…

Dieser Brief ist online abrufbar unter http://www.fischer verlage.de/buch/das_schweinesystem/9783100025463 oder unter http://www.aktion-schweinesystem.de

LIDL Stiftung & Co. KG
CEO: Sven Seidel
Stiftsbergstr. 1
74172 Neckarsulm
E-Mail: kontakt@lidl.com
Tel.: 07132/94-2000

Kaufland Stiftung & Co. KG
CEO: Patrick Kaudewitz
Rötelstr. 35
74172 Neckarsulm
E-Mail: service@kaufland.de
Tel.: 07132/94-00

REWE-Zentral-Aktiengesellschaft
Vorstandsvorsitzender: Alain Caparros
Domstr. 20
50668 Köln
E-Mail: info@rewegroup.com
Tel.: 0221/149-0

EDEKA Zentrale AG & Co. KG
Vorstandsvorsitzender: Markus Mosa
New-York-Ring 6
22297 Hamburg
E-Mail: presse@edeka.de
Tel.: 040/6377-2182

Metro AG
Vorstandsvorsitzender: Olaf Koch
Metro-Straße 1
40235 Düsseldorf
E-Mail: info@metrogroup.de
Tel.: 0211/6886-0

ALDI Nord (ALDI Einkauf GmbH & Co. KG)
CEO: Marc Heußinger
Eckenbergstraße 16
45307 Essen
E-Mail: impressum@aldi-nord.de
Tel.: 0201/8593-0

ALDI Süd (ALDI Einkauf GmbH & Co. KG)
CEO: Norbert Podschlapp
Burgstr. 37
45476 Mülheim
E-Mail: presse@aldi-sued.de
Tel.: 0208/9927-0

Dank

Die Idee zu diesem Buch entsprang der Beobachtung, dass in Diskussionen über Tierhaltung, Lebensmittelerzeugung und Landwirtschaft ein ganz selbstverständlich scheinender Gedanke so gut wie nicht vorkommt: Wer von Tieren stammende Lebensmittel oder Lebensmittelzutaten kauft, soll sich darauf verlassen können, dass diese zumindest von gesunden, tiergerecht gehaltenen Tieren stammen. Heutzutage ist das nicht der Fall. In vielen Gesprächen – egal ob mit Freunden, Kolleginnen oder Journalisten – zeigte sich jedoch, dass dies allgemein kaum bekannt ist. Ganz anders äußerten sich Fachleute aus Wissenschaft und Behörden, von denen viele sich offenkundig über die Zustände im Klaren sind. Ich möchte ihnen allen danken für die offenen Worte und intensiven Dispute, die wertvollen Hinweise, die fundierte Unterstützung und – für ihre Zeit. Auch allen engagierten Landwirten, die mich in ihren Betrieben empfangen haben, nur einige von ihnen sind namentlich im Buch genannt, sei auf diesem Wege gedankt.

Den Unternehmen der Lebensmittelindustrie, die auf meine Anfragen geantwortet haben, möchte ich ebenfalls danken – ganz besonders jenen, die für persönliche, für mich sehr lehrreiche Gespräche zur Verfügung standen. Vermutlich werden

Dank

Sie nicht mit allem einverstanden sein, was in diesem Buch steht. Vielleicht ringen Sie sich dennoch dazu durch, persönlich und öffentlich für Regeln und Gesetze einzutreten, die unzählige Tiere davor bewahren, krank und verhaltensgestört gemacht zu werden. Es kommt – auch und vor allen Dingen – auf *Sie* als Unternehmer an!

Mein besonderer Dank gilt Barbara Wenner, die nicht nur an das Buch geglaubt, sondern sich mit großem Engagement für sein Gelingen eingesetzt hat. Ich danke Thilo Bode für unsere zahlreichen Diskussionen über dieses Thema, seine konstruktive Ermutigung, das aufzuschreiben, was mich beim Nachdenken über die Erzeugung tierischer Lebensmittel bewegt, und für die großzügige Möglichkeit, dies im Rahmen meiner Tätigkeit bei foodwatch zu tun. Letzteres wäre ohne die große Geduld und den fortwährenden Zuspruch des gesamten foodwatch-Teams nicht geglückt – vielen Dank dafür!

Von unschätzbarem Wert für mich waren Stefan Scheytts wunderbare Fähigkeiten, aus Bergen von Material die Essenz herauszufiltern, zu anschaulichen Texten zu verarbeiten und sich nicht einmal von Celans Tübingen-Gedicht irritieren zu lassen. Schließlich danke ich Xenoba für die vielen kostbaren Augenblicke zwischen allen Zeilen, Sätzen und Worten.

mw

Anmerkungen

Nutztierhaltung – ohne Zukunft?

1. »Wege zu einer gesellschaftlich akzeptierten Nutztierhaltung«, Gutachten des Wissenschaftlichen Beirats für Agrarpolitik beim Bundesministerium für Ernährung und Landwirtschaft, März 2015
2. www.faz.net/aktuell/wirtschaft/unternehmen/bauernverband-kritisiert-gutachten-zu-massentierhaltung-13 505 928.html (abgerufen am 12.1.16)
3. www.zeit.de/2015/13/tierschutz-nutztierhaltung-harald-grethe (abgerufen am 12.1.16)
4. Redebeitrag Harald Grethe, Pressekonferenz anlässlich der Übergabe des Gutachtens »Wege zu einer gesellschaftlich akzeptierten Nutztierhaltung«, 25. März 2015, Berlin
5. Siehe Endnote 3.
6. www.bauernverband.de/export-der-nutztierhaltung-ist-keine-loesung-fuer-landwirtschaft-und-tierschutz
7. »Nutztierhaltung in Deutschland: Was bleibt, was wird sich ändern«, Vortrag Matthias Gauly am 11.1.16 bei der DLG-Wintertagung in München
8. www.tiergesundheit-aktuell.de/schweine/aktuelles-1746.php (abgerufen am 24.3.16); www.ktbl.de/fileadmin/user_upload/artikel/Tierhaltung/Schwein/Allgemein/Stallboden-Anforderungen/Stallboden-Anforderungen.pdf (abgerufen am 24.3.16);

Anmerkungen

www.augsburger-allgemeine.de/bayern/Kranke-Klauen-bei-bayerischen-Schweinen-durch-Tierquaelerei-id33580852.html (abgerufen am 24.3.16)

9 www.destatis.de/DE/PresseService/Presse/Pressemitteilungen/2015/12/PD15_484_413.html (abgerufen am 14.1.16)

10 Siehe Endnote 9.

11 www.destatis.de/DE/ZahlenFakten/Wirtschaftsbereiche/LandForstwirtschaftFischerei/TiereundtierischeErzeugung/Tabellen/BetriebeGefluegelBestand.html (abgerufen am 14.1.16); www.destatis.de/DE/PresseService/Presse/Pressemitteilungen/2014/02/PD14_059_413.html (abgerufen am 14.1.16); www.destatis.de/DE/ZahlenFakten/Wirtschaftsbereiche/LandForstwirtschaftFischerei/TiereundtierischeErzeugung/TiereundtierischeErzeugung.html (abgerufen am 14.1.16); dip21.bundestag.de/dip21/btd/18/054/1805473.pdf (abgerufen am 14.1.16)

12 www.dgfz-bonn.de/stellungnahmen (abgerufen am 14.1.16)

Die schmerzfreie Zone – Tiere in unserer Warenwelt

1 www.eifeljaeger.com/shop/wildpasteten-wildsuelzen-c-61.html?SESS=a6619fe88c32d4e49bcc6970403a14d8

2 www.deutschesee.de/produkte/fische/thunfisch

3 www.molkerei-weihenstephan.de/weg-der-milch

4 www.muellergroup.com/die-gruppe/unsere-unternehmen/uebersicht/weihenstephan/

5 www.paula-welt.de; www.oetker.de/unsere-produkte/paula/paula-pudding-typ-stracciatella-mit-schoko-flecken.html; www.oetker.de/unsere-produkte/paula/paula-vanille-pudding-mit-schoko-flecken.html

6 adlerhof-samerberg.de/cms/index.php?id=82; www.bergbauernkaese.de/bergbauernhoefe.php

7 www.arla-bio.de/unsere-bauern/hans-lothar-huttmann

Anmerkungen

8   www.galeria-kaufhof.de/filialen/berlin-alexanderplatz
9   www.haribo.com/deDE/fruchtgummi.html www.haribo.com/deDE/haribo-beutel-color-rado.html www.haribo.com/deDE/top2-haribo-color-rado.html
10 www.katjes.de/veggie-garten/veggie-produkte/yoghurt-gums.html www.katjes.de/faq.html
11 www.neuland-fleisch.de/presse-aktuelles/pressemitteilungen/2015/pressekonferenz_neustrukturierung.html; www.neuland-fleisch.de/verbraucher/mit-gutem-gewissen-geniessen.html; www.neuland-fleisch.de/landwirte/neuland-mitglieder.html; www.zeit.de/wirtschaft/2014-06/neuland-gefluegel-betrug-fleisch; www.zeit.de/wirtschaft/2014-04/neuland-fleisch-gefluegel-betrug; www.zeit.de/wirtschaft/unternehmen/2014-06/neuland-sued-betrugsvorwurf-konsequenzen; www.spiegel.de/wirtschaft/unternehmen/neuland-neuer-fleisch-skandal-und-betrug-mit-guetesiegel-a-964638.html
12 www.molkerei-schrozberg.de/molkerei/hoerner.html
13 www.haellisch.de/images/pressarchive/2015_EssenundTrinken_GrunzenvorGlueck.pdf (abgerufen am 24.4.16)
14 www.besh.de/ueber-uns/geschichte (abgerufen am 13.3.16)
15 albert-schweitzer-stiftung.de/massentierhaltung/schweine de.statista.com/statistik/daten/studie/163424/umfrage/entwicklung-des-schweinebestands-in-deutschland; www.destatis.de/DE/ZahlenFakten/Wirtschaftsbereiche/LandForstwirtschaft-Fischerei/TiereundtierischeErzeugung/AktuellSchweine.html (abgerufen am 13.3.16)
16 vebu.de/themen/lifestyle/anzahl-der-vegetarierinnen
17 www.uni-goettingen.de/de/0072013-weniger-fleisch---60--der-deutschen-zeigen-bereitschaft-dazu/436481.html; de.statista.com/statistik/daten/studie/2419/umfrage/bioprodukte-gruende-fuer-den-kauf; www.handelsdaten.de/lebensmittelhandel/bioprodukte-gruende-fuer-den-kauf-jahresvergleich; www.focus.de/

Anmerkungen

panorama/welt/agrar-mehrheit-haelt-bio-lebensmittel-nicht-fuer-gesuender_id_4591682.html; www.sueddeutsche.de/kolumne/werkstattbericht-zu-die-recherche-darum-kaufen-unsere-leser-bio-11887444; www.bmel.de/SharedDocs/Downloads/Ernaehrung/Oekobarometer_2013.pdf?__blob=publicationFile

18 www.bmel.de/SharedDocs/Downloads/Ernaehrung/Oekobarometer_2016.pdf?__blob=publicationFile
19 bfriends.brigitte.de/foren/aktuelle-umfragen/449536-warum-kaufen-sie-bio-produkte.html
20 biopolar.eu/biopolar-new2013
21 biopolar.eu/biopolar-new2013/das-ganze-verstehen
22 biopolar.eu/biopolar-new2013/bio-lachs-filets-natur
23 biopolar.eu/biopolar-new2013/suppenhuhn
24 biopolar.eu/biopolar-new2013/haehnchenbrust-filets
25 biopolar.eu/biopolar-new2013/puten-schnitzel

Der elende Alltag von Kuh, Schwein und Huhn

1 »Stoffwechselbelastungen und Gesundheitsrisiken der Milchkühe in der frühen Laktation« von Holger Martens, Tierärztliche Umschau 2015
2 www.maz-online.de/Brandenburg/Marathon-im-Stall
3 www.vetmed.fu-berlin.de/einrichtungen/institute/we02/mitarbeiter/interne/martens_holger/index.html (abgerufen am 18.1.16)
4 Bayerisches Landwirtschaftliches Wochenblatt, Heft 24 vom 13.6.2014, »Kühe geben für ihr Kalb wirklich alles«, und Interview am 18.1.16
5 Siehe Endnote 4.
6 »Wettbewerbsfähigkeit über quantitatives oder qualitatives Wachstum?«, Prof. Albert Sundrum, Universität Kassel, beim DLG-Kolloquium am 2.12.2015 in Berlin

Anmerkungen

7 2015.dlg.org/fileadmin/downloads/merkblaetter/DLG-Merkblatt_381.pdf (abgerufen am 18.1.16)
8 Siehe Endnote 42.
9 Siehe Endnote 42.
10 www.spiegel.de/spiegel/print/d-125 080 792.html (abgerufen am 18.1.16)
11 www.landwirtschaft.sachsen.de/landwirtschaft/download/Was_kostet_uns_eine_geringe_LL__Dr._Anke_Roemer.pdf (abgerufen am 19.1.16)
12 www.meine-milch.de/artikel/wie-viel-milch-gibt-eine-kuh-im-jahr (abgerufen am 24.3.16)
13 www.meine-milch.de/milkipedia/zellzahl
14 www.meine-milch.de/milkipedia/milch-gueteverordnung (abgerufen am 20.1.16)
15 »Eutergesundheitsstatus auf der Betriebsebene – Stand und Perspektiven aus systemischer Sicht«, Prof. Albert Sundrum, Universität Kassel
16 Siehe Endnote 8.
17 »So bekommen Sie hohe Zellzahlen in den Griff«, top agrar, 2/2003 www.elite-magazin.de/gesundheit/Erst-Erreger-bestimmen-dann-Trocksteller-auswaehlen-882 615.html (abgerufen am 24.3.16)
18 www.hessischerbauernverband.de/betrieb-fackiner (abgerufen am 20.1.16); kbv-waldeck.de/index.php/fackiner.html (abgerufen am 20.1.16); www.wlz-online.de/frankenberg/mehr-100 000-liter-milch-gegeben-5 402 061.html (abgerufen am 20.1.16); www.die-deutschen-bauern.de/hessen (abgerufen am 20.1.16)
19 DBV Situationsbericht 2015/16, Trends und Fakten zur Landwirtschaft, S. 72
20 www.destatis.de/DE/PresseService/Presse/Pressemitteilungen/2015/12/PD15_484_413.html;jsessionid=-

Anmerkungen

5F1A0153F201906C5CC19A35CA656E8B.cae1 (abgerufen am 21.1.16)

21 www.wir-sind-tierarzt.de/2015/12/milchviehbetrieb-gibt-auf (abgerufen am 21.1.16)
22 DBV Situationsbericht 2015/16, Trends und Fakten zur Landwirtschaft, S. 72
23 www.pigpool.de/aktueller-fall/fall-des-monats-november-2010/did_2052945.html (abgerufen am 4.5.16)
24 www.pigpool.de/aktueller-fall/aktueller-fall-august-september-2015/did_2694262.html (abgerufen am 4.5.16)
25 www.pigpool.de/aktueller-fall/aktueller-fall-dezember-2013/did_2588684.html (abgerufen am 4.5.16)
26 www.pigpool.de/aktueller-fall/fall-des-monats-november-2008/did_2052922.html (abgerufen am 4.5.16)
27 www.pigpool.de/aktueller-fall/aktueller-fall-zum-jahreswechsel-20112012/did_2202373.html (abgerufen am 4.5.16)
28 www.ariwa.org/wissen-a-z/hintergrund/schweineleben.html (abgerufen am 16.3.16)
29 www.sueddeutsche.de/bayern/studie-zu-masttieren-das-leid-der-billigschweine-1.2416428 (abgerufen am 31.1.16); www.sueddeutsche.de/bayern/studie-zu-masttieren-millionenfacher-verstoss-gegen-das-tierschutzgesetz-1.2417979 (abgerufen am 31.1.16); www.topagrar.com/news/Home-top-News-Neue-Studie-Fast-alle-Schweine-haben-Geschwuelste-wegen-Spaltenboeden-1743272.html (abgerufen 29.03.2016)
30 Sundrum, A., Ebke M. (2004): Problems and challenges with the certification of organic pigs. In: Hovi M., Sundrum A., Padel S. (Hg.) Proceedings of the 2nd SAFO-Workshop, University Kassel, Germany, 193–198
31 www.oeko-komp.de/index.php?id=3136 (abgerufen am 31.1.16)
32 »Perspektive der Nutztierhaltung in Deutschland aus Sicht der Produktionsebene«, Prof. Albert Sundrum, Universität Kassel

33 Siehe Endnote 78.
34 www.pigpool.de/infopool-schwein/specials/organbefunde-richtig-werten/did_2 052 329.html (abgerufen am 31.1.16)
35 foodwatch-Recherche von Frank Brendel, Kurzbericht Sauen vom Sept. 2015
36 Ebenda
37 Ebenda
38 Ebenda
39 Stabilität und Nutzungsdauer in der Sauenhaltung, Schriftenreihe, Heft 32/2011 des Sächsischen Landesamtes für Umwelt, Landwirtschaft und Geologie
40 Ebenda
41 www.tierschutzbund.de/information/hintergrund/landwirtschaft/schweine.html (abgerufen am 2.2.16)
42 »Der Fleischmann«, Die Zeit 32/2015, 6.8.2015 www.agrarheute.com/news/straathofs-kastenstaende-klein (abgerufen am 2.2.16); www.topagrar.com/archiv/Adrianus-Straathof-weiter-unter-Beschuss-1 660 876.html (abgerufen am 2.2.16)
43 »Der Fleischmann«, Die Zeit 32/2015, 6.8.2015
44 www.juris.de/jportal/portal/page/homerl.psml?nid=jnachr-JUNA151102 638&cmsuri=%2Fjuris%2Fde%2Fnachrichten%2Fzeigenachricht.jsp (abgerufen am 1.2.16); www.vetion.de/aktuell/index.cfm?aktuell_id=22 393 (abgerufen am 2.2.16); www.pigpool.de/news/mid_40 598.html (abgerufen am 2.2.16); www.vier-pfoten.de/kampagnen/nutztiere/aktuell/deutschland-verstoesst-gegen-eu-recht (abgerufen am 2.2.16); www.tierschutzbund.de/information/hintergrund/landwirtschaft/schweine.html (abgerufen am 2.2.16); www.vier-pfoten.de/themen/nutztiere/schweine/kastenstand (abgerufen am 2.2.16); www.presse.sachsen-anhalt.de/index.php?cmd=get&id=874 610&identifier=-33e411fad0452a7c8a1342e8 627 613db (abgerufen am 2.2.16)
45 »›Qualzucht‹ bei Nutztieren – Probleme & Lösungsansätze«,

Anmerkungen

Prof. Dr. agr. habil. Bernhard Hörning (Hochschule Eberswalde), Berlin, 15.8.2013

46 Siehe Endnote 45.
47 www.hessischerbauernverband.de/webcam-in-hessischem-schweinestall-zeigt-das-wahre-schweineleben
48 Bildungs- und Wissenszentrum Boxberg. Schweinehaltung, Schweinezucht. (Landesanstalt für Schweinezucht LSZ), Juni 2012
49 www.topagrar.com/news/Schwein-News-Schwein-Am-Telefon-Prof-Blaha-ueber-seine-Studie-zum-Schwanzbeissen-1659036.html (abgerufen am 24.3.16)
50 www.kreis-as.de/media/custom/331_720_1.PDF?1152849621 (abgerufen am 2.2.16)
51 Spiegel 9/2015, »Die Schwanzfrage«
52 COUNCIL DIRECTIVE of 19 November 1991 laying down minimum standards for the protection of pigs (91/630/EEC)
53 www.bmel.de/DE/Tier/Tierwohl/_texte/Rueckblick-Tierwohl-Initiative.html?notFirst=true&docId=6938082 (abgerufen am 25.3.16)
54 www.bmel.de/DE/Tier/Tierwohl/_texte/Rueckblick-Tierwohl-Initiative.html?notFirst=true&docId=6938082 (abgerufen am 25.3.16); www.ml.niedersachsen.de/portal/live.php?navigation_id=1810&article_id=134624&_psmand=7 (abgerufen am 25.3.16)
55 webcache.googleusercontent.com/search?q=cache:ouedycO6yE4J:www.ml.niedersachsen.de/download/95169/Anlage_2_zum_Ti-Ho-Abschlussbericht_Zusammenfassende_Aussagen.pdf+&cd=-13&hl=de&ct=clnk&gl=de (abgerufen am 31.1.16)
56 www.tiho-hannover.de/de/kliniken-institute/aussenstellen/aussenstelle-fuer-epidemiologie-bakum/veranstaltungen/blaha-symposium/?o bib.vetmed.fu-berlin.de/vetbiogramm/1255.html
57 Vortrag: Thomas Blaha, Stiftung Tierärztliche Hochschule Hannover, 2014, »Aktuelle Untersuchungen und erste Ergebnisse

zur Vermeidung des Schwanzbeißens bei unkupierten Schweinen«

58 Lechner, M., Langbein, F. & Reiner, G. (2015). Gewebsnekrosen und Kannibalismus beim Schwein – eine Übersicht. Tierärztliche Umschau 70, 505–514.

59 www.zds-bonn.de/aktuelles/kupierverzicht-thueringer-betriebe-ruesten-sich.html (abgerufen am 9.5.16)

60 www.tieraerzteverband.de/bpt/presseservice/meldungen/2015_10_21_ausstieg-kupierverbot.php (abgerufen am 31.1.16)

61 Problematik Schwanzbeißen / Schwänze kupieren bei Schweinen, Bildungs- und Wissenszentrum Boxberg, abgerufen am 30.1.16 unter www.landwirtschaft-bw.info/pb/MLR.Landwirtschaft,Lde/Startseite/Tierhaltung+_+Tierzucht/Tierschutz; www.topagrar.com/news/Schwein-News-Schwein-Am-Telefon-Prof-Blaha-ueber-seine-Studie-zum-Schwanzbeissen-1659036.html (abgerufen am 2.2.16)

62 Siehe Endnote 60.

63 »Wenn Sauen plötzlich verenden«, Schweinezucht und Schweinemast, 2/2007, S. 22–25; unter: www.3drei3.de/latest_swine_news/danemark-ruckgang-der-sauensterblichkeit_680 (abgerufen am 2.2.16)

64 www.pigpool.de/infopool-schwein/magen-darm-erkrankung/diagnose-der-kokzidiose-beim-schwein-zusammenfassung/did_2052090.html (abgerufen am 2.2.16)

65 www.gesetze-im-internet.de/tierschg/BJNR012770972.html (abgerufen am 2.2.16)

66 www.wiesenhof-news.de/gemeinsam-fuer-den-tierschutz (abgerufen am 3.2.16); www.phw-gruppe.de/news/presseinformationen-aktuell/wiesenhof-verlaengert-sponsoring-werder-bremen.html www.werder.de/de/profis/news/57200.php (abgerufen am 3.2.16)

67 www.phw-gruppe.de/news/presseinformationen-aktuell/wiesen-

Anmerkungen

      hof-verlaengert-sponsoring-werder-bremen.html (abgerufen am 6.2.16)
68 www.boerse-online.de/nachrichten/aktien/Wiesenhof-Gruppe-legt-weiter-zu-mehr-Investitionen-1000582834 (abgerufen am 4.2.16) www.phw-gruppe.de/news/presseinformationen-aktuell/PresseInformation2015.html (abgerufen am 4.2.16)
69 www.soko-tierschutz.org/de/wiesenhof/91-beitrag/200-wiesenhof-privathof.html
70 www.wiesenhof-news.de (abgerufen am 3.2.16)
71 www.soko-tierschutz.org/de/wiesenhof.html (abgerufen am 3.2.16) wiesentod.de (abgerufen am 2.2.16)
72 www.phw-gruppe.de/news/presseinformationen-aktuell/PresseInformation2015.html (abgerufen am 4.2.16) www.phw-gruppe.de/gefluegelspezialitaeten-und-gefluegelvermehrung.html (abgerufen am 4.2.16) www.phw-gruppe.de/kennzahlen.html (abgerufen am 26.3.16)
73 »Masthühnerhaltung gemäß Tierschutzlabel fördert Tiergesundheit«, Ernährungs-Umschau 12/2015
74 Ebenda
75 Ebenda
76 www.wiesenhof-privathof.de/unser-konzept/aufzuchtkriterien www.phw-gruppe.de/news/presseinformationen-aktuell/PresseInformation2015.html
77 www.wiesenhof-news.de/gemeinsam-fuer-den-tierschutz (abgerufen am 5.2.16)
78 www.phw-gruppe.de/news/presseinformationen-aktuell/PresseInformation2015.html
79 www.wiesenhof-privathof.de/artikel/tierwohl-bei-wiesenhof-privathof-jetzt-auch-wissenschaftlich-belegt (abgerufen am 5.2.16)
80 www.stockmeyer-stiftung.de/downloads/pressemitteilungen/2015-10-02-kurz.pdf
81 lebensmittelpraxis.de/industrie/9956-studie-zu-privathof-geflue-

gel-.html (abgerufen am 5.2.16) www.topagrar.com/news/Home-top-News-Wiesenhof-will-Maester-komplett-auf-Privathof-umstellen-1786602.html (abgerufen am 6.2.16)

82 www.wiesenhof-news.de/gemeinsam-fuer-den-tierschutz (abgerufen am 4.2.16) www.tierschutzbund.de/news-storage/landwirtschaft/261115-tierschutzlabel-und-fussball.html (abgerufen am 5.2.16, liegt als wiesenhof-werder.pdf vor)

83 www.phw-gruppe.de/news/presseinformationen-aktuell/PresseInformation2015.html

84 www.stockmeyer-stiftung.de/downloads/pressemitteilungen/2015-10-02-kurz.pdf

85 www.wiesenhof-online.de/unternehmen/landwirt-des-monats/landwirt-b/#gefluegel (abgerufen am 5.2.16) www.phw-gruppe.de/news/pressearchiv/presseinformation-phw-gruppe2012.html (abgerufen am 30.1.16) www.topagrar.com/news/Home-top-News-Wiesenhof-will-Maester-komplett-auf-Privathof-umstellen-1786602.html (abgerufen am 6.2.16)

86 www.phw-gruppe.de/news/pressearchiv/PresseInformation2013.html (abgerufen am 5.2.16) www.topagrar.com/news/Home-top-News-Wiesenhof-will-Maester-komplett-auf-Privathof-umstellen-1786602.html (abgerufen am 6.2.16)

87 www.wiesenhof-privathof.de/pressebereich (abgerufen am 5.2.16)

88 »Masthühnerhaltung gemäß Tierschutzlabel fördert Tiergesundheit«, Ernährungs-Umschau 12/2015; www.topagrar.com/news/Home-top-News-Wiesenhof-will-Maester-komplett-auf-Privathof-umstellen-1786602.html (abgerufen am 6.2.16)

89 www.stockmeyer-stiftung.de/downloads/pressemitteilungen/2015-10-02-kurz.pdf (abgerufen am 7.2.16); www.bmel.de/DE/Tier/Nutztierhaltung/Gefluegel/gefluegel_node.html (abgerufen am 7.2.16)

90 Fleischatlas 2016; www.svz.de/incoming/mv-das-land-der-megastaelle-id12444766.html (abgerufen am 7.2.16); www.dokumenta-

tion.landtag-mv.de/Parldok/dokument/27698/geflügelhaltung-in-klein-daberkow.pdf (abgerufen am 7.2.16); www.dokumentation.landtag-mv.de/Parldok/dokument/34514/nutztierhaltung-in-mecklenburg-vorpommern.pdf (abgerufen am 7.2.16)

91 www.agrilexikon.de/index.php?id=852 (abgerufen am 7.2.16)
92 www.lvbgw.de (abgerufen am 7.2.16); www.spiegel.de/wirtschaft/service/huehner-mast-bio-hof-und-konventioneller-betrieb-im-vergleich-a-854356.html (abgerufen am 7.2.16); www.bmel.de/DE/Tier/Nutztierhaltung/Gefluegel/gefluegel_node.html
93 www.lvbgw.de (abgerufen am 7.2.16)
94 www.zeit.de/wirtschaft/2014-03/tierhaltung-kosten-haehnchen-produktion (abgerufen am 7.2.16); www.kritischer-agrarbericht.de/fileadmin/Daten-KAB/KAB-2012/Niemann-Haehnchen.pdf (abgerufen am 7.2.16)
95 www.zeit.de/wirtschaft/2014-03/tierhaltung-kosten-haehnchen-produktion (abgerufen am 7.2.16)
96 www.kritischer-agrarbericht.de/fileadmin/Daten-KAB/KAB-2012/Niemann-Haehnchen.pdf (abgerufen am 7.2.16)
97 www.bmel.de/DE/Tier/Nutztierhaltung/Gefluegel/gefluegel_node.html (abgerufen am 8.2.16)
98 www.umweltbundesamt.de/sites/default/files/medien/461/publikationen/texte_17_2010_kurzfassung_d1_0.pdf (abgerufen am 26.3.16, S. 4); webcache.googleusercontent.com/search?q=cache:xCzES_vQPGIJ:www.lwk-niedersachsen.de/download.cfm/file/229,443ab0f6-cb3d-6941-c4022a3c41c64dea~pdf.html+&cd=16&hl=de&ct=clnk&gl=de&client=safari (abgerufen am 26.3.16)
99 www.tierschutzbund.de/fileadmin/user_upload/Downloads/dudt-Sonderdrucke/dudt_Sonderdruck_Masthuehner.pdf (abgerufen am 26.3.16); Gutachten Wissenschaftlicher Beirat, S. 104
100 www.tierschutzbund.de/information/hintergrund/landwirtschaft/huehnermast.html (abgerufen am 3.2.16); www.tierschutzbund.de/fileadmin/user_upload/Downloads/dudt-Sonderdrucke/

dudt_Sonderdruck_Masthuehner.pdf (abgerufen am 3.2.16); www.tierschutzbund.de/fileadmin/user_upload/Downloads/dudt-Artikel/dudt_13_1/Tierschutzlabel_dudt_13_1.pdf (abgerufen am 8.2.16); www.tierschutzbund.de/fileadmin/user_upload/Downloads/Hintergrundinformationen/Landwirtschaft/Huehnermast_Huehnerqual_2015.pdf (abgerufen am 8.2.16)

101 www.hnee.de/de/Fachbereiche/Landschaftsnutzung-und-Naturschutz/Team/Professuren/Prof.-Dr.-Bernhard-Hoerning/Prof.-Dr.-agr.-habil.-Bernhard-Hoerning-E2628.htm (abgerufen am 8.2.16)

102 www.tierschutzbund.de/fileadmin/user_upload/Downloads/dudt-Sonderdrucke/dudt_Sonderdruck_Masthuehner.pdf (abgerufen am 8.2.16); »Masthühnerhaltung gemäß Tierschutzlabel fördert Tiergesundheit«, Ernährungs-Umschau 12/2015

103 »›Qualzucht‹ bei Nutztieren – Probleme & Lösungsansätze«, Prof. Dr. agr. habil. Bernhard Hörning (Hochschule Eberswalde), Berlin, 15.8.2013, abzurufen unter www.gruene-bundestag.de/fileadmin/media/gruenebundestag_de/themen_az/agrar/Qualzucht_bei_Nutztieren.pdf

104 www.tierschutzbund.de/information/hintergrund/landwirtschaft/huehnermast (abgerufen am 8.2.16)

105 Studie NRW 2012: »Antibiotikaeinsatz in der Hähnchenmast« unter www.lanuv.nrw.de/fileadmin/lanuv/agrar/tiergesundheit/arzneimittel/antibiotika/120403_Masthaehnchenstudie_ueberarbeitung_Evaluation_Endfassung.pdf (abgerufen am 8.2.16); albert-schweitzer-stiftung.de/massentierhaltung/masthuehner (abgerufen am 7.2.16)

106 Vergleiche Gutachten des Wissenschaftlichen Beirats S. 145–149.

107 www.tagesspiegel.de/wirtschaft/gefluegel-charta-gefluegelindustrie-verpflichtet-sich-zu-gemeinsamen-standards/12304688.html (abgerufen am 9.2.16)

108 www.gefluegel-charta.de/blog/blogdetail/news/artikel-drechsel/

Anmerkungen

?tx_news_pi1%5Bcontroller%5D=News&tx_news_pi1%5Baction%5D=detail&cHash=7e9c686e0d8efa1ff.6fd2a06c7d2b3e9 (abgerufen am 9.2.16)

109 www.gefluegel-charta.de/dialog (abgerufen am 9.2.16)
110 www.gefluegel-charta.de/charta/tierwohl-und-tiergesundheit/
111 www.mpib-berlin.mpg.de/de/presse/dossiers/unstatistik-des-monats/archiv-zur-unstatistik; www.rwi-essen.de/unstatistik/3 (abgerufen am 26.3.16) www.iq-agrar.de/news/lanuv-legt-bericht-zur-ueberpruefung-der-antibioti.html (abgerufen am 16.3.16)
112 www.gefluegel-charta.de/charta/ernaehrung-des-menschen (abgerufen am 9.2.16)
113 www.rwi-essen.de/unstatistik/3/
114 www.rund-ums-ei.at/index.php?id=produktionsbetriebe (abgerufen am 11.2.16); www.stuttgarter-nachrichten.de/inhalt.kuekentoeten-eine-chance-fuer-das-leben.1d7a022d-fe8a-4b9b-8773–1681bbb2f1ef.html (abgerufen am 11.2.16); www.youtube.com/watch?v=q7nTrKsQcpM (abgerufen am 11.2.16) SWR2 Wissen, »Kükentötung und die schwierige Suche nach Alternativen«, 19.5.15
115 www.gesetze-im-internet.de/tierschg/BJNR012770972.html (abgerufen am 17.2.16)
116 www.spiegel.de/wirtschaft/soziales/muenster-staatsanwaltschaft-klagt-gegen-toeten-von-kueken-a-1077100.html (abgerufen am 17.2.16)
117 www.tierschutzbund.de/information/hintergrund/recht/grundgesetz.html (abgerufen am 17.2.16)
118 www.bmel.de/SharedDocs/Pressemitteilungen/2015/158-SC-Kuekentoetung.html (abgerufen am 11.2.16)
119 www.welt.de/politik/deutschland/article143785332/Kann-diese-Technik-Kueken-Schreddern-verhindern.html (abgerufen am 11.2.16)
120 Ebenda

121 www.stuttgarter-nachrichten.de/inhalt.kuekentoeten-eine-chance-fuer-das-leben-page1.1d7a022d-fe8a-4b9b-8773-1681bbb2f1ef.html (abgerufen am 12.2.16)
122 »Eine Frage der Haltung. Neue Wege für mehr Tierwohl«, Bundesministerium für Ernährung und Landwirtschaft, Juli 2015
123 www.welt.de/politik/deutschland/article143785332/Kann-diese-Technik-Kueken-Schreddern-verhindern.html (abgerufen am 26.3.16); www.tierschutzbund.de/information/hintergrund/landwirtschaft/legehennen.html (abgerufen am 26.3.16); www.topagrar.com/news/Home-top-News-Bundesrat-empfiehlt-mehr-Tierschutz-in-der-Gefluegelhaltung-2600915.html (abgerufen am 12.2.16); www.spiegel.de/wirtschaft/kaefighaltung-verfassungsgericht-kippt-legehennenverordnung-a-732464.html (abgerufen am 26.3.16)
124 www.tierschutzbund.de/news-storage/landwirtschaft/090715-millionenfacher-kuekenmord.html (abgerufen am 12.2.16)
125 www.lohmann-information.com/content/l_i_3_05_artikel4.pdf (abgerufen am 26.3.16)
126 www.lwk-niedersachsen.de/index.cfm/portal/1/nav/229/article/23581.html (abgerufen am 14.2.16); www.dlg.org/fileadmin/downloads/fachinfos/gefluegel/thiele.pdf (abgerufen am 13.2.16)
127 www.vetion.de/focus/pages/FText2.cfm?focus_id=47&text_select=268&farbe=ts (abgerufen am 13.2.16)
128 Ebenda
129 ICH WOLLT' ICH WÄR' KEIN HUHN. Von Käfig bis Bio: Über die Zustände in der Legehennenhaltung, foodwatch Report 2015
130 Ebenda
131 Ebenda
132 Ebenda
133 Ebenda
134 ›Qualzucht‹ bei Nutztieren – Probleme & Lösungsansätze,

Anmerkungen

Prof. Dr. agr. habil. Bernhard Hörning (Hochschule Eberswalde), Berlin, 15.8.2013, abzurufen unter www.gruene-bundestag.de/fileadmin/media/gruenebundestag_de/themen_az/agrar/Qualzucht_bei_Nutztieren.pdf

135 Ebenda
136 orgprints.org/29166/7/29166-110E020-uni-kassel-knierim-2015-HealthyHens-merkblatt.pdf (abgerufen am 17.2.16)
137 Siehe Endnote 129.
138 Ebenda
139 www.ble.de/DE/08_Service/03_Pressemitteilungen/2015/151002-Legehennen.html (abgerufen am 17.2.16); www.welt.de/politik/deutschland/article143785332/Kann-diese-Technik-Kueken-Schreddern-verhindern.html (abgerufen am 17.2.16); www.bmel.de/SharedDocs/Downloads/Broschueren/Vereinbarung-VerbesserungTierwohl.pdf?__blob=publicationFile (abgerufen am 17.2.16); www.gefluegel-charta.de/charta/tierwohl-und-tiergesundheit (abgerufen am 17.2.16)

Tierwohl als Systemkosmetik oder: Der Rohstoff Tier

1 www.finanznachrichten.de/nachrichten-2015-02/32864147-nestle-aktie-schleppendes-china-geschaeft-bremst-weltmarktfuehrer-511.htm (abgerufen am 28.3.16)
2 www.bll.de/de/der-bll/positionen/bll-stellungnahme-tierwohl (abgerufen 17.3.16)
3 www.metzgerei-birkenhof.de (abgerufen am 3.3.16); www.metzgerei-birkenhof.de/ueber-uns.html (abgerufen am 3.3.16); www.metzgerei-birkenhof.de/verantwortung/tierwohl.html (abgerufen am 3.3.16)
4 www.rewe.de/marken/wilhelm-brandenburg (abgerufen am 3.3.16); www.wilhelmbrandenburg.de/unternehmen (abgerufen am 4.3.16)

Anmerkungen

5   www.aldi-nord.de/print/01_verantwortung/ALDI_Nord_Nationale_Tierwohl-Einkaufspolitik_1.pdf (abgerufen am 14.3.16)
6   www.tierschutzbund.de/news-storage/landwirtschaft/290415-betaeubungslose-ferkelkastration.html (abgerufen am 14.3.16)
7   DBV Situationsbericht 2015/16, S. 21
8   Ebenda, S. 23
9   Gutachten des Wissenschaftlichen Beirats, S. 33
10 www.agrarheute.com/news/schwein-zehn-groessten-schlachthoefe-deutschland (abgerufen am 15.3.16)
11 www.susonline.de/meldungen/markt/Toennies-schlachtet-jedes-vierte-deutsche-Schwein-1745399.html (abgerufen am 15.3.16)
12 Prof. Dr. med. vet. Albert Sundrum, Fachgebiet Tierernährung und Tiergesundheit, Universität Kassel: »Tierärzteschaft quo vadis – eine richtungsweisende Debatte um ›Tierwohl‹«, Beitrag für den Deutschen Tierärztetag 2015 in Bamberg, siehe: www.bundestieraerztekammer.de/index_btk_ttag_d2.php?id=20#Start (abgerufen 8.3.16)
13 Alle Zahlen: DBV Situationsbericht 2015/2016, S. 84f.
14 Ebenda, S. 25
15 www.bvdf.de/in_zahlen/tab_05 (abgerufen am 4.3.16); www.lfl.bayern.de/iem/agrarmarkt/108057 (abgerufen am 4.3.16)
16 www.edeka.de/nachhaltigkeit/verantwortungsvolle-nutztierhaltung/tierwohl/initiative_tierwohl.jsp (abgerufen am 4.3.16)
17 initiative-tierwohl.de/ueber-uns (abgerufen am 4.3.16) www.lebensmittelwirtschaft.org/downloads/DieLebensmittelwirtschaft_FS_Traeger.pdf (abgerufen am 4.3.16)
18 Siehe Endnote 12.
19 initiative-tierwohl.de/landwirte (abgerufen am 5.3.16); initiative-tierwohl.de/wp-content/uploads/2015/10/20151012_V-1.4-Teilnahmebedingungen_Geflügelmast_freigabe.pdf (abgerufen am 5.3.16)

Anmerkungen

20 www.agrarheute.com/landundforst/news/fuer-satte-zufriedene-schweine (abgerufen am 28.3.16)
21 initiative-tierwohl.de/landwirte (abgerufen am 5.3.16); initiative-tierwohl.de/wp-content/uploads/2015/01/150709-ITW-Anforderungen-über-Gesetz-kurz.pdf (abgerufen am 5.3.16)
22 initiative-tierwohl.de/wp-content/uploads/2015/01/2015-01-13-Verbaendestatements-Initiative-Tierwohl.pdf (abgerufen am 29.2.16)
23 www.dorstenerzeitung.de/staedte/dorsten/Aktion-Tierwohl-Bauern-demonstrieren-vor-Edeka-in-Rhade;art914,2904962 (abgerufen am 29.2.16) www.halternerzeitung.de/staedte/haltern/Demo-am-Edeka-Markt-Fuer-mehr-Tierwohl-im-Stall;art900,2904931 (abgerufen am 29.2.16); www.derwesten.de/staedte/nachrichten-aus-lennestadt-und-kirchhundem/heimische-bauern-demonstrieren-in-meggen-aimp-id11401426.html#plx2001793073 (abgerufen am 29.2.16)
24 www1.wdr.de/bauernprotest-tierwohl-102.html (abgerufen am 29.2.16); www.weser-kurier.de/bremen_artikel,-Edeka-Markt-wird-ab-Mai-gebaut-_arid,796885.html (abgerufen am 28.3.16)
25 de.nachrichten.yahoo.com/tierschutz-initiative-fehlt-laut-offenbar-geld-101344928--finance.html (abgerufen am 5.3.16); initiative-tierwohl.de/ueber-uns (abgerufen am 28.2.16); www.agrarzeitung.de/nachrichten/wirtschaft/protected/verband-mobilisiert-gegen-edeka-59679.html (abgerufen am 29.2.16); www.daserste.de/information/politik-weltgeschehen/mittagsmagazin/sendung/tierwohl-tierschutz-100.html (abgerufen am 29.2.16)
26 webcache.googleusercontent.com/search?q=cache:VD8kogEwSWIJ:www.schweine.net/services/files/ISN_Pressemitteilung_Edeka_22%252012%25202015.pdf+&cd=1&hl=de&ct=clnk&gl=de&client=safari (abgerufen am 29.2.16); www.schweine.net/news/quo-vadis-initiative-tierwohl.html (abgerufen am 29.2.16)

27 www.bauernzeitung.de/praxispartner/ggab-gross-grenz/eine-frage-der-haltung (abgerufen am 5.3.16)
28 www.lidl.de/de/initiative-tierwohl/s7372777 (abgerufen am 5.3.16)
29 www.lidl.de/de/positionspapier-zum-einkauf-tierischer-erzeugnisse/s7373719 (abgerufen am 5.3.16)
30 www.facebook.com/agrarheutecom?ref=bookmarks (abgerufen am 29.2.16); www.agrarheute.com/news/aufreger-lidl-scheinheilige-imagekampagne (abgerufen am 28.2.16); www.agrarheute.com/news/tierhaltung-lidl-will-standards-signifikant-verbessern (abgerufen am 28.2.16)
www.bauernverband.de/rukwied-landwirtschaft-zwischen-preisdruck-und-zukunftsorientierung (abgerufen am 28.2.16); www.stallbesuch.de/initiative-tierwohl (abgerufen am 29.2.16)
31 www.agrarzeitung.de/nachrichten/politik/protected/politik-streitet-um-verantwortung-59792.html (abgerufen am 29.2.16)
32 www.dorstenerzeitung.de/staedte/dorsten/Aktion-Tierwohl-Bauern-demonstrieren-vor-Edeka-in-Rhade;art914,2904962 (abgerufen am 29.2.16; www.wlv.de/presse/pressemeldungen/paderborn/2015/12/22830.php (abgerufen am 29.2.16); www.lebensmittelzeitung.net/industrie/Tierwohl-Streit-um-Tierwohl-initiative-haelt-an-121231?crefresh=1 (abgerufen am 5.3.16); www.agrarheute.com/news/edeka-fordert-messbares-tierwohl (abgerufen am 29.2.16)
33 www.schweine.net/news/quo-vadis-initiative-tierwohl.html (abgerufen am 4.3.16)
34 Ebenda
35 de.statista.com/statistik/daten/studie/199810/umfrage/die-20-groessten-werbungtreibenden-haendler-nach-ausgaben-fuer-werbung (abgerufen am 6.3.16)
36 www.lebensmittelzeitung.net/handel/Lebensmittelhandel-kuerzt-Werbeausgaben-112478 (abgerufen am 6.3.16)

Anmerkungen

37 initiative-tierwohl.de/einzelhandel (abgerufen am 6.3.16)
38 www.spiegel.de/spiegel/print/d-125 080 792.html (abgerufen am 6.3.16)
39 »Wir brauchen mehrere Alternativen!«, topagraronline vom 6.3.2016
40 www.tierschutzbund.de/ferkelprotest.html (abgerufen am 6.3.16)
41 www.br.de/fernsehen/bayerisches-fernsehen/sendungen/unser-land/landwirtschaft-und-forst/probleme-bei-der-ebermast102.html (abgerufen am 6.3.16); www.ami-informiert.de/ami-maerkte.html (abgerufen am 6.3.16)
42 initiative-tierwohl.de/faq/#allgemeine-fragen (abgerufen am 7.3.16)
43 Gutachten des Wissenschaftlichen Beirats 2015, S. 118
44 initiative-tierwohl.de/faq/#allgemeine-fragen (abgerufen am 7.3.16)
45 initiative-tierwohl.de/landwirte (abgerufen am 7.3.16)
46 www.spiegel.de/wirtschaft/initiative-tierwohl-schweinerei-im-kuehlregal-a-1 053 463.html (abgerufen am 7.3.16)
47 www.swr.de/odysso/der-preis-fuer-tierwohl/-/id=1 046 894/did=15 957 168/nid=1 046 894/151 l9u9/index.html (abgerufen am 7.3.16)
48 www.daserste.de/information/politik-weltgeschehen/mittags-magazin/sendung/tierwohl-tierschutz-100.html (abgerufen am 7.3.16)
49 webcache.googleusercontent.com/search?q=cache:VD8ko-gEwSWIJ: www.schweine.net/services/files/ISN_Pressemit-teilung_Edeka_22 %252 012 %25 202 015.pdf+&cd=1&hl=de&ct=-clnk&gl=de&client=safari (abgerufen am 29.2.16)
50 Siehe Endnote 12.
51 www.agrarzeitung.de/nachrichten/wirtschaft/protected/ver-band-mobilisiert-gegen-edeka-59 679.html (abgerufen am 29.3.16);

www.topagrar.com/news/Home-top-News-Initiative-Tierwohl-Bauern-macht-Druck-2 639 595.html (abgerufen am 7.3.16); www.welt.de/wirtschaft/article151 398 944/Deutschland-steckt-in-einem-Bio-Dilemma.html (abgerufen am 7.3.16); m.muenstersche-zeitung.de/Lokales/Staedte/Muenster/2 213 744-Fuer-mehr-Tierwohl-im-Stall-Bauern-bedraengen-Edeka (abgerufen am 29.2.16); www.dorstenerzeitung.de/staedte/dorsten/Aktion-Tierwohl-Bauern-demonstrieren-vor-Edeka-in-Rhade;art914,2 904 962 (abgerufen am 29.2.16); www.derwesten.de/staedte/nachrichten-aus-lennestadt-und-kirchhundem/heimische-bauern-demonstrieren-in-meggen-aimp-id11 401 426.html#plx2 001 793 073 (abgerufen am 29.2.16); www1.wdr.de/bauernprotest-tierwohl-102.html (abgerufen am 29.2.16); www.lebensmittelzeitung.net/suche/schlagworte/Tierwohlindex (abgerufen am 5.3.16)

52 »11 Antworten zu Ihrem bewussten Einkauf«, abzurufen unter nachhaltig.rewe.de

Das System der Tierqual-Ökonomie

1 blogagrar.de/beispiel-seite (abgerufen am 20.2.16); www.kirchenbote.de/content/wieder-zueinanderfinden (abgerufen am 20.2.16); www.stallbesuch.de/wir-machen-euch-satt-2-0 (abgerufen am 20.2.16); www.wir-machen-euch-satt.de (abgerufen am 20.2.16); www.rbb-online.de/wirtschaft/thema/2016/gruene-woche-2016/beitraege/grossdemonstration-agrarwende-wir-haben-es-satt.html (abgerufen am 20.2.16); www.spiegel.de/wirtschaft/service/gruene-woche-tausende-demonstrieren-gegen-agrarindustrie-a-1 072 407.html (abgerufen am 20.2.16)

2 data.worldbank.org/indicator/SL.AGR.EMPL.ZS?order=wbapi_data_value_2014+wbapi_data_value+wbapi_data_value-last&sort=asc (abgerufen am 20.2.16); www.bauernverband.de/

Anmerkungen

      11-wirtschaftliche-bedeutung-agrarsektors (abgerufen am 20.2.16)

3   www.bio-berlin-brandenburg.de/verein/geschaeftsstelle/michael-wimmer (abgerufen am 20.2.16)

4   www.ardmediathek.de/tv/Tagesthemen/tagesthemen/Das-Erste/Video?documentId=32813194&bcastId=3914 (abgerufen am 20.2.16); www.wir-haben-es-satt.de/start/home (abgerufen am 20.2.16)

5   www.maz-online.de/Brandenburg/104000-Menschen-gegen-Massentierhaltung (abgerufen am 20.2.16); www.niederlausitz-aktuell.de/brandenburg/item/57907-103-891-stimmen-gegen-massentierhaltung-volksbegehren-in-brandenburg-erfolgreich.html (abgerufen am 20.2.16); www.maz-online.de/Brandenburg/Ein-Erfolg-bei-dem-es-um-die-Wurst-ging (abgerufen am 20.2.16); www.volksbegehren-massentierhaltung.de/impressum-datenschutz (abgerufen am 20.2.16)

6   www.volksbegehren-massentierhaltung.de/wir-sind-das-volksbegehren (abgerufen am 20.2.16)

7   Siehe Endnote 8.

8   Siehe Endnote 5.

9   Gutachten des Wissenschaftlichen Beirats, S. 116

10 Siehe Endnote 12, S. 225.

11 www.tagesspiegel.de/berlin/staatsanwaltschaft-ermittelt-gegen-landkost-ei-grosser-eierproduzent-soll-huehner-in-zu-kleinen-kaefigen-halten/11225402.html (abgerufen am 21.2.16); www.berliner-kurier.de/berlin/die-bio-schwindler-von-bestensee-so-quaelen-sie-ihre-huehner-1604752 (abgerufen am 20.2.16); www.lr-online.de/nachrichten/Tagesthemen-Das-Ringen-um-mehr-Tierwohl-in-den-Staellen;art307853,5135086 (abgerufen am 21.2.16); www.tierschutzbuero.de/aufgedeckt-tierquaelerei-bei-eierproduzenten-strafanzeige-erstattet (abgerufen am 21.2.16); www.peta.de/eierbetrug#.Vo7Z2zbt5qs

Anmerkungen

12 www.penny.de/unternehmen/presse/presse-detail/article/vorreiter-penny-fuehrt-bundesweit-eier-von-hennen-mit-ungekuerzten-schnaebeln-ein (abgerufen am 22.2.16)

13 www.lr-online.de/nachrichten/Tagesthemen-Das-Ringen-um-mehr-Tierwohl-in-den-Staellen;art307853,5135086 (abgerufen am 21.2.16)

14 ICH WOLLT' ICH WÄR' KEIN HUHN

15 www.welt.de/politik/deutschland/article143785332/Kann-diese-Technik-Kueken-Schreddern-verhindern.html (abgerufen am 22.2.16)

16 www.bmel.de/DE/Tier/Tierwohl/_texte/Forschungsvorhaben-Integhof-Zweinutzungshuhn.html (abgerufen am 23.2.16)

17 www.haz.de/Hannover/Aus-der-Stadt/Uebersicht/Hannovers-Studenten-verkosten-Zweinutzungshuhn (abgerufen am 22.2.16)

18 www.bmel.de/DE/Tier/Tierwohl/_texte/Forschungsvorhaben-Integhof-Zweinutzungshuhn.html (abgerufen am 23.2.16)

19 www.bruderhahn.de/wer-dabei-ist/#_partner (abgerufen am 23.2.16)

20 www.destatis.de/DE/PresseService/Presse/Pressemitteilungen/zdw/2015/PD15_041_p002pdf.pdf?__blob=publicationFile (abgerufen am 23.2.16)

21 www.destatis.de/DE/ZahlenFakten/Wirtschaftsbereiche/LandForstwirtschaftFischerei/TiereundtierischeErzeugung/Tabellen/StrukturMasthuehnerBetriebe.html; www.destatis.de/DE/ZahlenFakten/Wirtschaftsbereiche/LandForstwirtschaftFischerei/TiereundtierischeErzeugung/Tabellen/Gefluegelfleisch.html (abgerufen am 23.2.16)

22 www.welt.de/wirtschaft/article151398944/Deutschland-steckt-in-einem-Bio-Dilemma.html (abgerufen am 24.2.16)

23 www.tierschutzlabel.info/tierschutzlabel (abgerufen am 23.2.16); www.welt.de/wirtschaft/article151398944/Deutschland-steckt-in-einem-Bio-Dilemma.html (abgerufen am 24.2.16)

Anmerkungen

24 mediathek.daserste.de/Panorama/Volksbelehrung-Wie-die-Politik-erziehen/Das-Erste/Video?documentId=33511476&topRessort&bcastId=310918 (abgerufen am 23.2.16)

25 www.in-form.de/buergerportal/service/rezepte/fuer-jeden-tag.html (abgerufen am 24.2.16); www.in-form.de/buergerportal/service/in-form-unterwegs/apps-rund-um-ernaehrung-und-bewegung.html (abgerufen am 24.2.16); www.bmel.de/DE/Ernaehrung/GesundeErnaehrung/InForm/InForm_node.html (abgerufen am 24.2.16)

26 www.bmel.de/DE/Ernaehrung/ZuGutFuerDieTonne/zgfdt_node.html (abgerufen am 24.2.16)

27 www.bmel.de/DE/Ernaehrung/Kennzeichnung/_Texte/InformationskampagneLMIV.html (abgerufen am 24.2.16)

28 www.bmel.de/SharedDocs/Downloads/Broschueren/Aufgetischt.html (abgerufen am 24.2.16)

29 www.tierwohl-staerken.de/die-bmel-initiative/10-eckpunkte/eckpunkt-1 (abgerufen am 24.2.16); www.bmel.de/DE/Tier/Tierwohl/_texte/Kompetenzkreis-Tierwohl.html (abgerufen am 24.2.16)

30 www.foodwatch.org/de/informieren/tierhaltung/aktuelle-nachrichten/wir-stellen-fest-dass-es-einen-wertewandel-in-der-gesellschaft-gibt/

31 www.bmel.de/SharedDocs/Downloads/Broschueren/Tierwohl-Magazin.pdf?__blob=publicationFile

32 www.spiegel.de/spiegel/print/d-141171503.html; Der Spiegel 2/2016

33 Ebenda

34 Ebenda

35 »Wie wichtig ist Verbrauchern das Thema Tierschutz? Präferenzen, Verantwortlichkeiten, Handlungskompetenzen und Politikoptionen.« Ein gemeinsames Projekt der Zühlsdorf + Partner Marketingberatung und des Lehrstuhls »Marketing für Lebensmittel und

Agrarprodukte« der Universität Göttingen im Auftrag des Verbraucherzentrale-Bundesverbandes e.V. (vzbv); unter www.vzbv.de/pressemitteilung/umfrage-verbraucher-wuerden-fuer-tierschutz-mehr-zahlen (abgerufen am 13.4.2016)
36 www.bmel.de/SharedDocs/Downloads/Broschueren/Tierwohl-Magazin.pdf?__blob=publicationFile (abgerufen am 15.3.16)
37 www.sueddeutsche.de/wissen/tierwohl-kontrolle-im-kuhstall-1.2659354 (abgerufen am 27.2.16)
38 www.mdr.de/fakt/fakt-biobauer100.html (abgerufen am 27.2.16)

Fazit: Was sich ändern muss

1 Wissenschaftlicher Beirat 2015, S. 301
2 Alle Preisbeispiele wurden Mitte Mai 2016 in verschiedenen Supermärkten in Deutschland erhoben.
3 Stoll, Tobias / Jürging, Johannes /Ückert, Oliver: Europarechtliche Gebote und welthandelsrechtliche Grenzen für Maßnahmen der Europäischen Union zur Verbesserung des Tierwohls bei der Legehennenhaltung, Rechtsgutachten erstellt im Auftrag von foodwatch e.V., März 2015 (unveröffentlicht), Kurzfassung veröffentlicht in: ICH WOLLT', ICH WÄR' KEIN HUHN. Von Käfig bis Bio: Über die Zustände in der Legehennenhaltung, foodwatch Report 2015

Harald Welzer
Selbst denken
Eine Anleitung zum Widerstand
Band 19573

Früher war die Zukunft ein Versprechen, heute scheint sie bedrohlich. Die Politik ist phantasiefrei, die Zivilgesellschaft passiv. Harald Welzer zeigt, welche Rolle man selbst bei der Gestaltung einer zukunftsfähigen Gesellschaft einnehmen kann, in der es nicht um Wachstum, sondern um Kultivierung geht, nicht um Effizienz und Fremdversorgung, sondern um Achtsamkeit und Freiheit. Nicht um Konsum, sondern um: Glück.

»Ohne Zweifel das wichtigste Buch des Jahres, um es mal vorsichtig auszudrücken.«
taz

Das gesamte Programm gibt es unter
www.fischerverlage.de

Thilo Bode
Abgespeist
Wie wir beim Essen betrogen werden
und was wir dagegen tun können
256 Seiten. Gebunden

Ob Gammelfleisch, Dioxin oder Acrylamid – Lebensmittelskandale gehören längst zum Alltag und sind nur die Spitze des Eisbergs. Wir Verbraucher werden von der Lebensmittelindustrie systematisch hinters Licht geführt.

Thilo Bode, der prominente ehemalige Greenpeace-Geschäftsführer und heutige Kopf von »foodwatch«, rüttelt wach: Er benennt die Missstände des Verbraucherschutzes in Deutschland, formuliert konkrete politische Forderungen und gibt seinen Lesern eine nützliche Gebrauchsanweisung für ungehorsame Konsumenten an die Hand.

S. Fischer